Начальный курс практической фонетики русского языка *для корейцев*

한국인을 위한 러시아어 음성학 입문

З.И. Есина · В.С. Калинина · 추석훈 · 김민수

한국인을 위한

러시아어 음성학 입문

초판 1쇄 발행 2012년 5월 20일
초판 2쇄 발행 2015년 3월 20일

지 은 이 З.И. Есина · В.С. Калинина · 추석훈 · 김민수

발 행 인 김 인 철

발 행 처 한국외국어대학교 지식출판원
130-791 서울시 동대문구 이문로 107
전화 (02)2173-2495~7
팩스 (02)2173-3363
홈페이지 http://press.hufs.ac.kr
전자우편 press@hufs.ac.kr

출판등록 제6-6호(1969. 4. 30)

디자인·편집 디자인 퍼브 02)2254-4308

인쇄·제본 현문자현 031)902-1424

ISBN 978-89-7464-745-2 98790 정가 12,000원 (mp3 CD 포함)

HU;NE 은 한국외국어대학교 지식출판원의 어학도서, 사회과학도서, 지역학 도서 Sub Brand이다. 한국외대의 영문명인 HUFS, 현명한 국제전문가 양성(International+Intelligent)의 의미를 담고 있으며, 휴인(携引)의 뜻인 '이끌다, 끌고 나가다'라는 의미처럼 출판계를 이끄는 리더로서, 혁신의 이미지를 담고 있다.

Введение

Пособие предназначено для корейских граждан, впервые приступающих к системному изучению русского языка, рассчитано на 50 – 60 академических часов. Пособие состоит из 7 уроков, включающих объяснение особенностей русской артикуляционной базы с учётом корейской интерференции, различные виды фонетических упражнений на уровне слога, слова, фразы. В пособии представлен материал для отработки ритмико-мелодических и 4-х основных интонационных конструкций (по Е.А. Брызгуновой), даны правила чтения и письма. Поурочный и общий словарь насчитывает более 300 слов. К «Начальному курсу практической фонетики русского языка для корейцев» прилагается методическая статья для фонетистов, объясняющая причины корейской интерференции в русской речи и пути её минимизации.

Пособие неоднократно апробировано как в университетах Республики Корея, так и в России. Пособие может быть использовано для коррекции русского произношения корейцев с разным уровнем русской языковой компетенции.

В пособии использованы схемы профилей артикуляций русских звуков М.И.Матусевич, Н.А.Любимова «Альбом артикуляций звуков русского языка», Изд-во УДН, М., 2005 г.

Май 2012 г.
Соавторы

저자 서문

'한국인을 위한 러시아어 음성학 입문'은 교사의 지도 하에 러시아어를 처음 배우는 한국인을 위해 저술한 러시아어 음성학 교재입니다. 이 교재는 총 7개 과, 50~60시간 수업 분량으로 구성하였으며, 러시아어 자음과 모음의 발음으로부터 강세와 모음약화, 자음동화, 억양 구조(ИК1~ИК4) 등 초급 러시아어 학습 단계에서 반드시 알아야 할 음성 측면의 제반 사항을 일목요연하게 정리하여 제시하였습니다.

특히 한국어 간섭현상을 고려한 러시아어 발음의 특수성에 대한 설명을 포함시켜 한국인 러시아어 학습자들이 러시아어 발음의 특성을 정확히 이해하는데 도움이 되도록 했고, 중요한 음성 규칙과 기본 문법 사항을 요약 제시하여 쉽게 기억할 수 있도록 했으며, 음성, 단어, 구문 수준의 다양한 연습문제를 통해 학습된 사항을 익힐 수 있도록 했습니다.

또한 이 교재에 러시아어 리듬과 억양 학습에 유용할 뿐 아니라 일상적 활용도가 높은 단어와 구문을 선별, 제시함으로써 학습자들의 러시아어 구어 구사 능력 향상에도 도움이 되도록 하였습니다. 이 교재의 학습대상 단어는 최소 300단어 이상이 됩니다.

한편, 이 교재에는 러시아어 교수법과 관련된 제안사항도 포함되어 있는데, 한국어가 러시아어 발화에 간섭하는 이유와 그것을 최소화시키는 방안과 관련된 것입니다. 해당 부분은 다양한 러시아어 수준을 가진 한국인의 러시아어 발음을 교정하는데도 활용될 수 있을 것입니다.

이 교재는 한국의 한림대학교를 비롯한 여러 대학에서 다년 간 러시아어를 가르쳤던 빅토르 드미트리예비치 야코블레프(Виктор Дмитриевич Яковлев) 선생의 한국인을 위한 러시아어 발음 교육의 이론적 기반과 방법론적 개념을 기반으로 하고 있다. 그리고 이 책을 구성하는데 러시아 민족우호대학교 (러시아, 모스크바)와 한국외국어대학교(한국, 서울/용인)에서 한국인을 대상으로 한 러시아어 교육 경험도 반영하였습니다.

그리고 교재 뒷 부분에는 러시아어 문자표, 어휘집 그리고 받아쓰기 자료를 첨부하여 다양한 방법으로 학습하는데 도움이 되도록 했습니다.

이 책이 한국인의 러시아어 학습에 다소나마 도움이 되기를 기대합니다.

2012. 05.
공저자 일동

СОДЕРЖАНИЕ

이 책의 구성과 활용

각 과에서는 먼저 소개되는 음성을 발음기호로 제시하고 해당 인쇄체 대·소문자, 문자의 명칭, 필기체 대·소문자 순으로 제시합니다.

Соглáсный [й]　　Бýква Й й (*и крáткое*) *Й й*

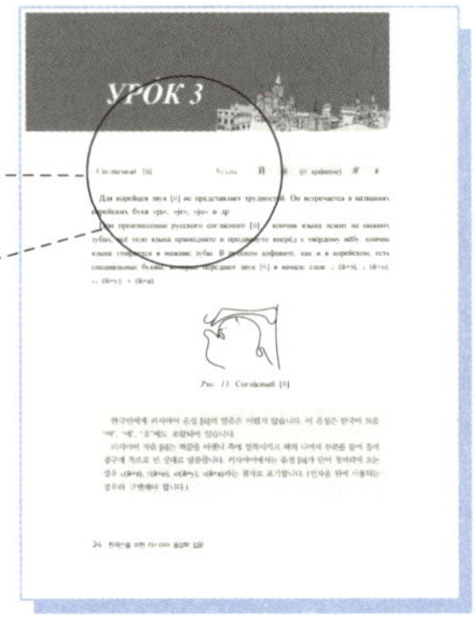

Для корейцев звук [й]
корейских букв «ja», «je»,
При произнесении русско
зубах, всё тело языка припо
языка упирается в нижние
специальные буквы, котор
ю (й+у), я (й+а).

이어서 해당 음성을 발음하는 방법과 주의사항에 관한 러시아어 텍스트가 제시됩니다.

그리고 러시아어 설명과 더불어 해당 발음의 구강도를 제시하여 정확한 조음 위치를 찾을 수 있도록 했습니다.

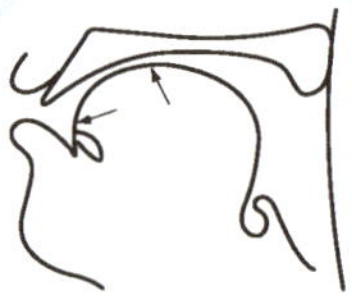

Рис. 13. Соглáсный [й]

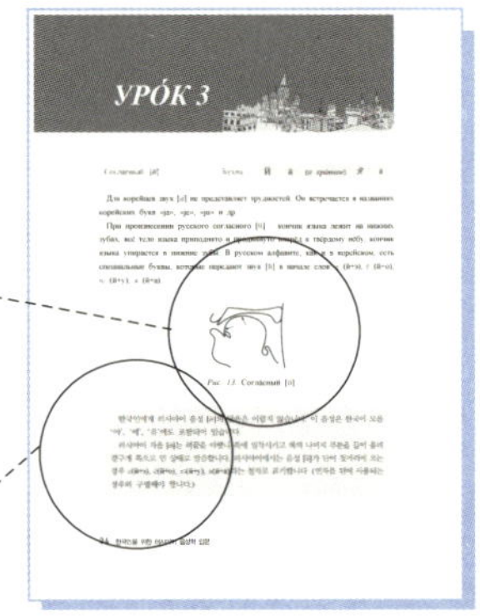

이어서 앞의 러시아어 텍스트 한글 번역을 제시하여 보다 쉽게 이해할 수 있도록 하는 한편 원문과 번역문 비교를 통해 러시아어 음성학 용어와 구문도 익힐 수 있도록 했습니다.

한국인에게 러시아어 음성
'야', '예', '유'에도 포함되어
러시아어 자음 [й]는 혀끝을 ㅇ
경구개 쪽으로 민 상태로 발음합
경우 е(й+э), ё(й+о), ю(й+у), я
경우와 구별해야 합니다.)

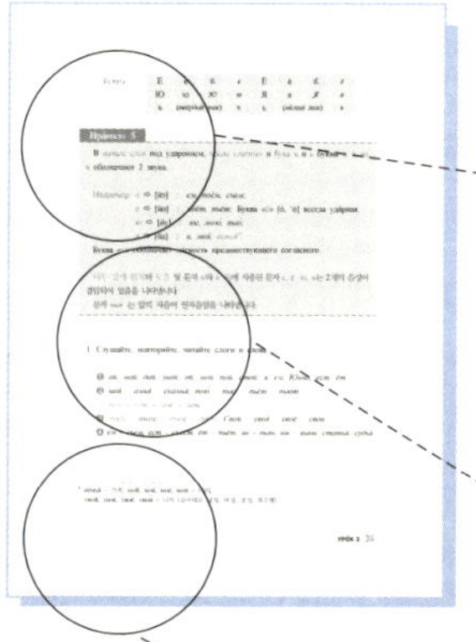

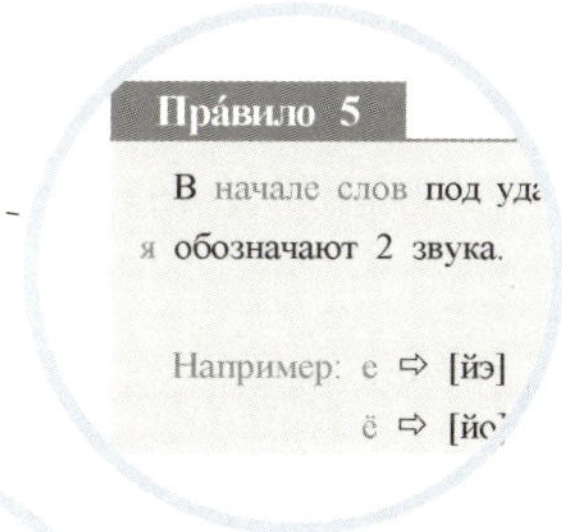

각 과에 제시되는 음성과 관련된 중요한 음성 법칙을 이해와 기억이 용이하도록 표로 간결하게 정리해 제시했습니다.

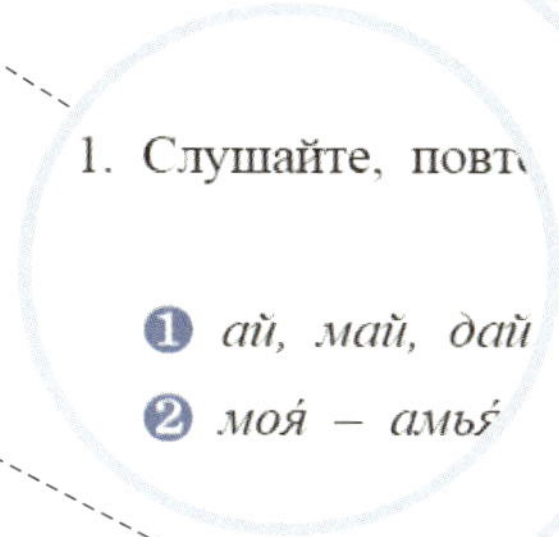

그리고 해당 발음을 듣고 따라해 볼 수 있도록 다양한 음성, 음절, 단어, 문장들을 제시했습니다. 첨부된 CD를 들으면서 따라해 보세요.

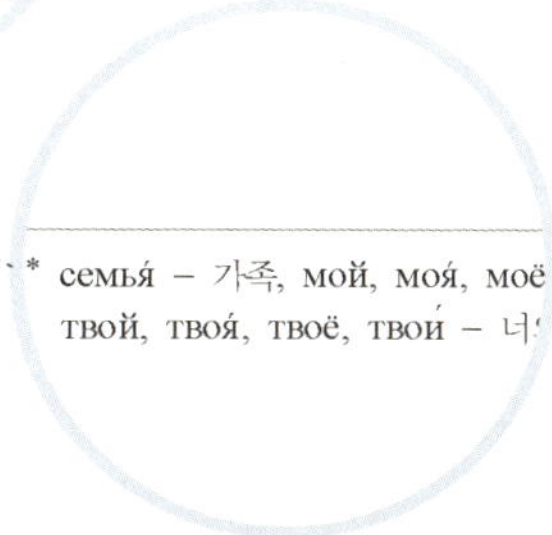

각 페이지 본문에 새로 나오는 단어는 파란색으로 표시했고, 각주에 그 의미를 제시했습니다.

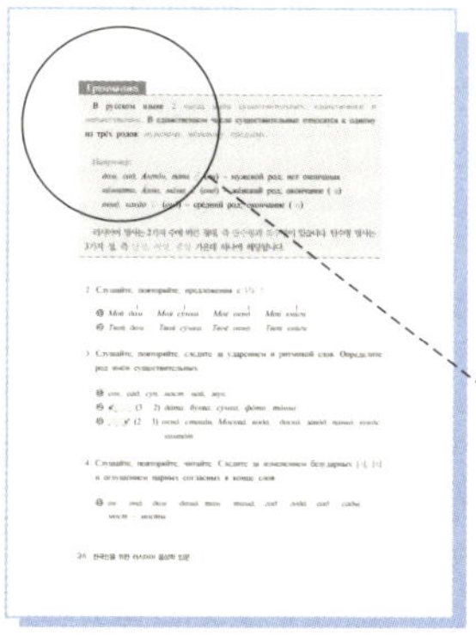

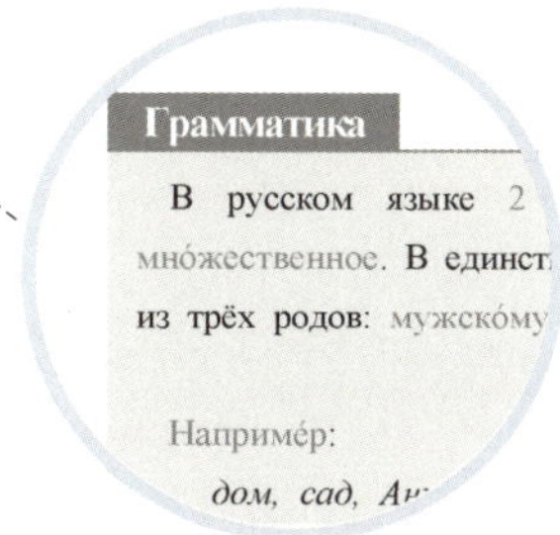

러시아어 음성학 기본 사항을 배워 나가는 과정에서 꼭 알아야 할 기본 문법 사항을 표로 정리해 제시했습니다.

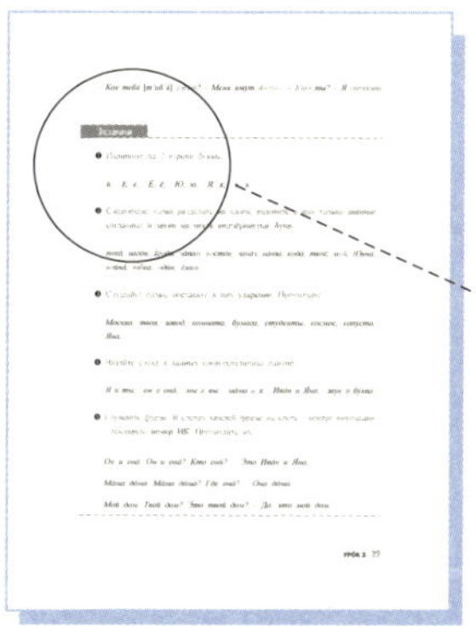

그리고 매 과마다 연습문제를 배치하여 학습한 내용을 확인할 수 있도록 했습니다.

РЕЧЕВО́Й АППАРА́Т

Перед вами схема речевого аппарата человека. Внимаиельно изучите и запомните названия органов речевой артикуляции: при усвоении русских звуков вы сможете сознательно контролировать место их образования и понять существенные различия в произношении русских и корейских звуков. На первых порах при усвоении русского произношения полезно использовать зеркало. В дальнейшем в каждом уроке на рисунках вы увидите, а в рекомендациях прочитаете по-корейски объяснения основных моментов артикуляций русских звуков и их отличий от корейских.

발성 기관 (Речево́й аппара́т) 개요도

아래는 사람의 발성기관 개요도입니다. 주의 깊게 살펴보고 각 발성기관의 명칭을 기억해 둘 필요가 있습니다. 이는 러시아어 음성을 학습할 때 의식적으로 조음 위치를 잡는데 도움이 될 뿐 아니라 러시아어와 한국어 발음의 기본적인 차이를 파악하는데 도움이 되기 때문입니다. 러시아어 발음을 익히는 첫 단계에서는 거울을 보고 발음 연습을 하는 것이 도움이 됩니다.

이 책은 매 과마다 러시아어 음성의 발음구조를 보여주는 그림과 더불어 조음 방법이 제시되어 있고 한국어와 유사한 음가와의 차이도 설명되어 있습니다.

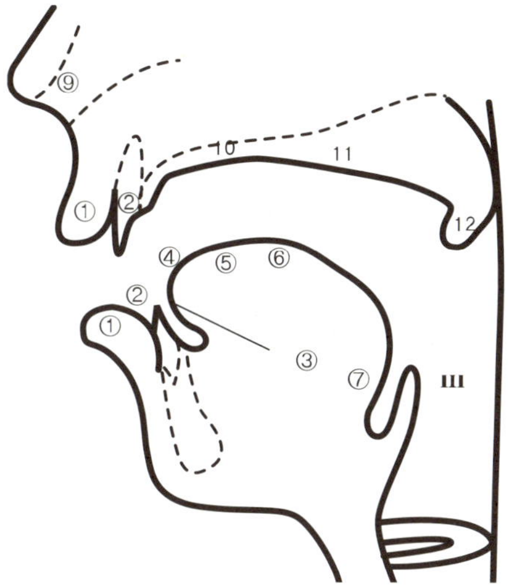

I – по́лость рта́

II – по́лость но́са

III – по́лость гло́тки

1 – гу́бы (   )

2 – зу́бы (   )

3 – ко́нчик языка́ (   )

4 – пере́дняя ча́сть спи́нки языка́ (   )

5 – сре́дняя ча́сть спи́нки языка́ (   )

6 – за́дняя ча́сть спи́нки языка́ (   )

7 – ко́рень языка́ (   )

8 – альвео́лы (   )

9 – но́с (   )

10 – твёрдое нёбо (   )

11 – мя́гкое нёбо (   )

12 – ма́ленький язычо́к (   )

* полость рта: 구강; полость носа: 비강; полость глотки: 구개; губы: 입술; зубы: 이; кончик языка: 혀끝; передняя часть спинки языка: 전설; средняя часть спинки языка: 중설; корень языка: 혀뿌리; альвеолы: 치조; нос: 코; твёрдое нёбо: 경구개; мягкое нёбо: 연구개; маленький язычок: 목젖

УРО́К 1

Гла́сный [а] | **Бу́ква** А а *А а*

Русский гласный [а] похож на корейский звук [а] в слове [na] - «я», [nara] - «страна́». Произнося русский звук [а], держите кончик языка внизу, немного отодвинув его от передних нижних зубов (*рис.* 2.) Ротовая полость открыта.

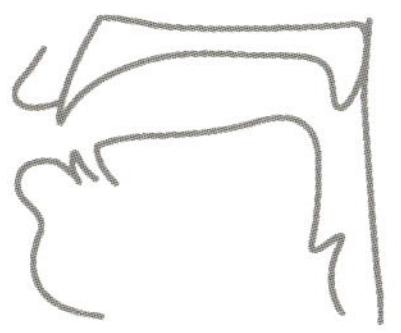

Рис. 2. Гла́сный [а]

УРÓК 1

В русском языке (РЯ) 6 глáсных и 36 соглáсных звуков. По качеству русские гласные похожи на корейские [а, э, о, у, ы, и], напротив, русские согласные звуки существенно отличаются от корейских как по количеству, так и по месту и способу их образования, т.е. по качеству.

Русский слог может содержать один гласный (а, э, о, у, ы, и) или один/несколько согласных + гласный (*он, дом, сто, стол, строй*).

Если в РЯ до 25 слоговых моделей, то в корейском языке (КЯ) только 4 типа слогов (Г* – [a] – «Ах»; СГ – [u-ri] – «мы»; ГС, – [ak] – «зло»; СГС – [on-sun] – «добротá») с жёстко закреплённым местом за элементами слога.

Выделение в русских словах одного из слогов большей длительностью и силой называется **ударéнием.** В корейских словах ударения нет. В русских словарях и учебниках для иностранцев ударение обозначается значком (-ʹ-) над удáрным гласным. Русское ударение разномéстное (*дóм; дóма; домá; домóй; кóмната*). Запоминайте русские словá с ударением, изменение места ударения в слове может изменить или нарушить его смысл (напр.: *дóма – домá – домóй*).

러시아어에는 6개의 모음소리와 36개의 자음소리가 있습니다. 질적인 측면에서 러시아어 모음들 [а, э, о, у, ы, и]은 한국어의 해당 모음들과 유사하지만 러시아어 자음 소리들은 양적인 측면에서뿐 아니라 조음 위치와 방법, 즉 질적인 측면에서도 한국어 유사 자음들과 커다란 차이가 있습니다.

러시아어 음절은 하나의 모음 또는 하나 혹은 여러 개의 자음+모음 구조(он, дом, сто, стол, строй)로 구성됩니다.

* Г – гласный, С – согласный

따라서 러시아어에 25개의 음절 모델이 있는 반면, 한국어에는 음절 구성요소들의 위치가 엄격히 고정되어 있는 4개 유형, 즉 1.모음, 2.자음+모음(예: [우리]), 3. 모음+자음, 4.자음+모음+자음(예: [온순]) 유형이 있을 뿐입니다.

러시아어 단어에서 음절 가운데 하나를 더 길고, 강하게, 그리고 두드러지게 발음하는 것을 강세라고 합니다. 한국어 단어에는 강세가 없습니다. 러시아어 사전과 외국인을 위한 러시아어 교재에서는 강세를 강세 모음 위에 강세 기호(-ˊ-)를 찍어 표시해줍니다. 러시아어 강세는 다양한 위치에 올 수 있습니다(*до́м; до́ма; дома́; домо́й; ко́мната*). 러시아어 단어는 강세와 함께 기억해야 합니다. 강세의 위치가 달라지면 단어의 의미가 바뀌거나 의미가 제대로 표현될 수 없기 때문입니다(예: *до́ма – дома́ – домо́й*).

Гла́сный [a] Бу́ква A a *A a*

Русский гласный [a] похож на корейский звук [a] в слове [na] - «я», [nara] - «страна́». Произнося русский звук [a], держите кончик языка внизу, немного отодвинув его от передних нижних зубов (*рис.* 2.) Ротовая полость открыта.

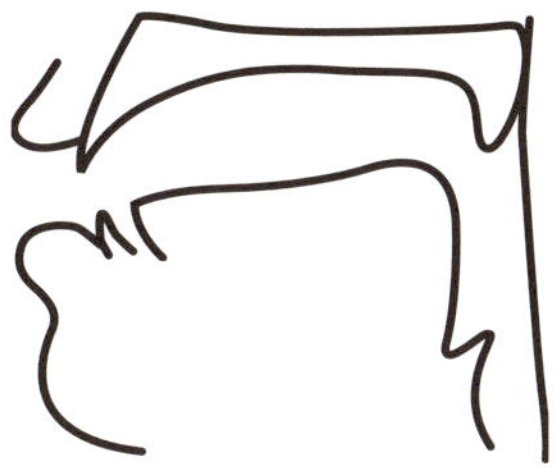

Рис. 2. Гла́сный [a]

러시아어 모음 [a]는 한국어 단어 '나' 또는 '나라'의 모음 [a]와 유사합니다. 모음 [a]는 그림 2처럼 혀끝을 아래로 내리고 아랫니로부터 약간 뒤로 당긴 채 구강을 열고 발음합니다.

1. Слушайте и произносите. Следите за артикуляцией гласного [а].

а … а … а … *а … а … а …* *а, а, а, а, а.*

Гла́сный [э] Бу́ква Э э *Э э*

Русский гласный [э] похож на корейский гласный, как в слове [ki-ne] – «качели». Произнося русский гласный [э], прижмите кончик языка к нижним зубам, раствор рта меньший, чем при произнесении [а] (*рис.* 3.).

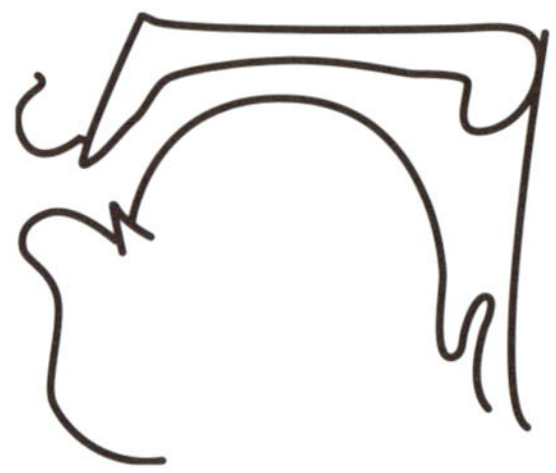

Рис. 3. Гла́сный [э]

러시아어 모음 [э]는 한국어 단어 '그네'의 '에'와 유사합니다. 모음 [э]는 그림 3처럼 혀끝을 아랫니에 붙이고 발음하는데, 구강은 모음 [а] 발음 때보다 적게 엽니다.

2. Слушайте и произносите. Следите за артикуляцией гласных [а] и [э]. Повторяйте.

❶ *э … э … э;* *э, э, э;* *а … э … э … а …*
❷ *аэ́ – аэ́ – а́э – а́э;* *эа́ – э́а.*

Гла́сные [у], [о] Бу́квы У у *У у*
О о *О о*

В отличие от корейского русский гласный [у] более отодвинут назад, губы напряжены, округлены и сильно вытянуты вперёд. Произнося [о], также сильно напрягите, округлите и вытяните губы вперёд, но в меньшей степени, чем при [у]. Сравните *рис.* 4 и 5. Русский гласный [о] похож на корейский гласный слове [o-nil'] – «сегодня».

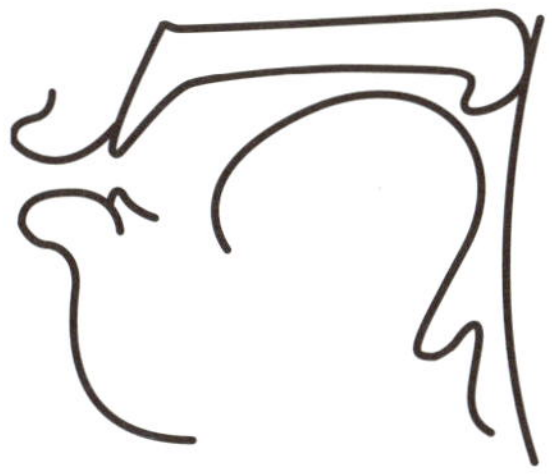

Рис. 4. Гла́сный [у]

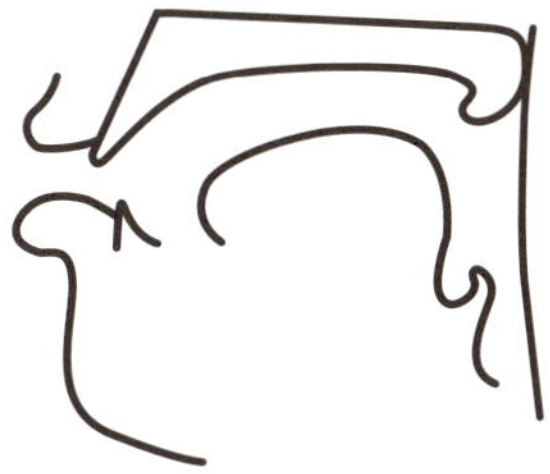

Рис. 5. Гла́сный [о]

러시아어 모음 [у]는 한국어 모음 '우'와는 달리 혀를 보다 안쪽으로 당기고 입술을 보다 둥글고 강하게 긴장시켜 앞으로 내밀어 내는 소리입니다. 러시아어 모음 [о]를 발음할 때도, 모음 [у]보다는 덜 하지만, 역시 혀를 둥글고 강하게 긴장시켜 앞으로 내밀어 소리를 냅니다. 러시아어 모음 [о]는 한국어 단어 '오늘'의 '오'와 유사합니다.

3. Слушайте и произносите. Следите за различием в артикуляции гласных [у], [о]. Читайте и пишите слоги.

❶ *у ... у ... у; о ... о ...о ... а – у – о – э; о – у – о – у;*
ау́, уа́, ао́, а́э, о́э, уо́.

❷ *ау́, уэ́, аэ́, уо́, ао́, эо́, эу́, о́у, о́э, о́а, у́э, у́а.*

Соглáсные [м], [п]-[б]

Бýквы					
	М	м	*(эм)*	*М*	*м*
	П	п	*(пэ)*	*П*	*п*
	Б	б	*(бэ)*	*Б*	*б*

Звуки [м], [п] по артикуляции похожи на корейские в словах: [ma-im] – «душа »; [pa-ram] – «вéтер».

Русские согласные делятся на глухи́е, образуемые без участия голоса, и звóнкие – с участием голоса. Пара согласных [п]-[б] – пример глухого и звонкого согласного. Таких пар **глухих и звонких** согласных в РЯ – 11. Произнося звонкий согласный [б], следите, чтобы голос звучал в течение всей смычки губ. Конечные русские согласные [м], [п] произносятся со взрывом. При произношении носового согласного [м] мягкое нёбо опущено.

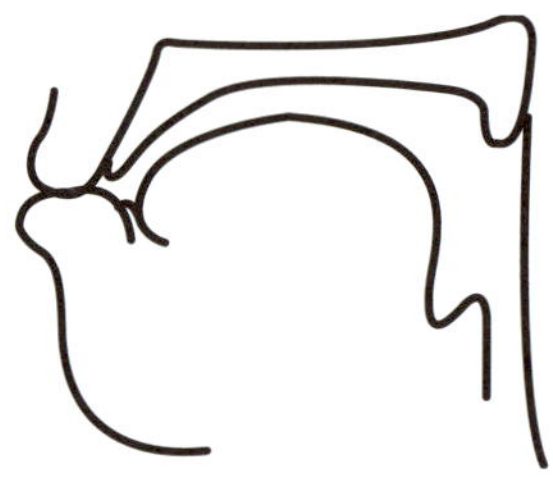

Рис. 6. Соглáсные [п], [б], [м]

자음 [м]과 [п]는 발음상 한국어 단어 '마음', '바람'의 각 첫 번째 자음과 유사합니다. 자음은 성대 진동 유무에 따라 유성음(звонкие)과 무성음(глухие)으로 나누어지는데, 자음 [п]-[б] 쌍은 무성음과 유성음 쌍의 예입이다. 러시아어에는 이런 유무성 자음 쌍이 11개 있습니다. 유성자음 [б]를 발음할 때는 양 입술을 붙였다가 살짝 떼면서 성대를 진동시켜 소리를 냅니다. 러시아어 자음 [п]는 어말 위치에서는 파열음으로 발음됩니다. 비음 [м]을 발음할 때는 성대를 진동시켜며 [п]를 발음할 때는 성대를 진동시키지 않습니다. [м]을 발음할 때는 연구개가 살짝 내려가게 됩니다.

4. Прослушайте слоги и слова. Определите на слух глухие и звонкие согласные. Положите пальцы на гортань, повторяйте слоги за преподавателем. Произнося звонкие согласные [м], [б], вы чувствуете вибрацию гортани.

❶ *па, по, пу, пэ, ма, па, по, мо.*
❷ *ам, эм, ум, мам, мом, мэм, мум, пам, пом, пум.*
❸ *ама́, амэ́, амо́, аму́, аба́, абэ́, абу́, або́; мба, мбо, мбу.*
❹ *ма – мам – ма́ма; па – пап – па́па. ма́ма, па́па.*

Пра́вило 1

Гласные [а], [о] в первом предударном и открытых начальном и конечном слогах произносятся как краткий звук [а] (в транскрипции [ʌ]), в остальных слогах произносятся как очень краткий звук [а] (в транскрипции [ъ])*.

Например: á = [á] да́м, А́нна, да́та;
ó = [ó] до́м, до́ма, Анто́н.
о, а ⇨ [а] **о**на́, э́т**о**, д**о**ма́, да́т**а**, **А**нто́н.

모음[a], [o]는 강세가 없는 경우 단어 맨 앞, 강세 음절의 앞 음절 그리고 단어 마지막 위치에서 짧은 [a](러시아식 음성표기 [ʌ])로 발음되며, 나머지 위치에서는 그보다 더 짧은 [a](러시아식 음성표기 [ъ])로 발음됩니다.

---

* 강세 음절과 비강세 음절의 양적 특성을 숫자로 표시할 수도 있습니다. 강세 모음은 숫자 3으로 표시하고, 강세 앞음절, 어두와 어말의 비강세 모음은 숫자 2로, 나머지 위치의 비강세 모음은 숫자 1로 표시합니다.

예: дом, 3 : 1 Анна, 3 : 2 Антон 2 : 3

5. Прослушайте слоги и слова. Обратите внимание на длительность ударных и безударных гласных. Повторите за преподавателем, а затем прочитайте сами, следя за ритмикой. Не смешивайте глухой и звонкий [п] и [б].

❶ *ама́ – амо́ – аму́ – амэ́; ума́ – умо́ – уму́ – умэ́; аба́ – або́ – абу́.*
❷ *а́ма – о́ма – у́ма; а́ба – о́ба – о́бу; о́ба – о́па; бу́ма – пу́ма.*
ма – мам – ма́ма; па – пап – па́па.

Согла́сные [н], [т]-[д]

Бу́квы				
Н	н	*(эн)*	*Н*	*н*
Т	т	*(тэ)*	*Т*	*т*
Д	д	*(дэ)*	*Д*	*д*

Русские согласные [н], [т], [д] имеют другое место артикуляции и качество, чем сходные корейские звуки *(см. рис. 7)*.

При произношении русских согласных [н], [т], [д] кончик языка опущен к нижним зубам, передняя часть спинки языка прижата к верхним зубам. Звуки [т]-[д] – пара глухого и звонкого согласных. Конечные русские согласные [н], [т] произносятся со взрывом. При произношении носового согласного [н] мягкое нёбо опущено.

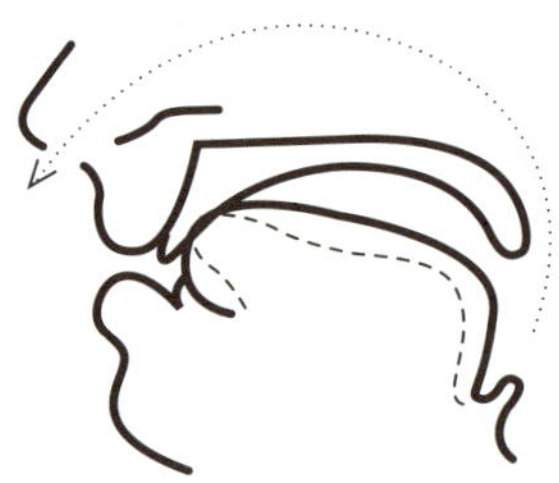

Рис. 7. Согла́сные [н], [т], [д]
____ – *ру́сские зву́ки*
- - - – *корейские зву́ки*
…… – *носово́й* [н]

러시아어 자음 [н], [т], [д]는 유사한 한국어 자음과는 조음점과 질적 속성이 다릅니다. 러시아어 자음 [н], [т], [д]를 발음할 때 혀끝을 아랫니 쪽으로 내리고 그 뒷부분(전설)을 윗니에 바짝 대고 발음합니다. 자음 [т]-[д]는 무성음-유성음 대응쌍입니다. [т]는 어말에서 파열음으로 발음됩니다. 자음 [н]을 발음할 때는 연구개가 아래로 내려갑니다.

6. Слушайте слоги и слова. Следите за артикуляцией, смотрите в зеркало, повторяйте за преподавателем. Контролируйте звонкость [д], положив пальцы на гортань. Конечные согласные [п], [т], произносите с сильным взрывом.

❶ *на, нэ, но, ну; та, то, ту, тэ; там – том – тан – тон.*
❷ *ана́ – ада́, ано́ – адо́, ану́ – аду́, нда – ндо, ада́ – ата́, адо́ – ато́.*
❸ *Тон – Дон; том – дом; там – дам; тот – тут; пот – пут; поп – боп.*
❹ *он – тон – бато́н – Анто́н; Ан – А́нна; эм – Э́мма; до – до́ма.*

7. Слушайте, повторяйте. Читайте, следите за произношением гласных [а], [о].

❶ *он – она́; дом – до́ма; том – то́ма.*
❷ *э́то, на́до, до́ма, да́та.*
❸ *до́ма – дома́; то́ма – тома́; она́ – оно́; А́нна – Анто́н.*

Пра́вило 2

Русские парные зво́нкие согласные в конце слов произносятся как их **глу́хие** пары.

б ⇨ [п]; д ⇨ [т] Например: дуб[п], пуд[т]

러시아어 단어 맨 끝의 유성음은 짝이 되는 무성음으로 발음합니다.

8. Слушайте и повторяйте. Читайте. Следите за оглушением конечных б, д.

❶ [т] ⇨ *ад, пад, под, пуд;* [п] ⇨ *об, боб, баб, дуб;*

❷ *óда – од; мóда – мод; дýба – дуб; тýба – туб; пýда – пуд.*

Прáвило 3

В повествовательном предложении на гласном интонационного центра (обычно ударном слоге последнего слова) тон резко понижается. Это ИК-1.

Предударная часть ИК произносится на среднем ровном тоне, заударная часть ИК – на низком тоне.

Э́то дом.¹ ↘ Там мáма.¹ ↘ Онá дóма.¹ ↘

평서문에서는 억양 중심 모음(보통 문장 마지막 단어의 강세 음절 모음)에서 톤이 급격히 하강합니다. 이것이 억양구조 1(ИК-1)입니다.

억양 구조에서 강세 앞부분은 중간정도의 고른 톤으로 발음되고, 강세 뒷부분은 낮은 톤으로 발음됩니다.

9. Слушайте, повторяйте фразы. Читайте слова слитно, следите за **ИК-1**.

❶ *Э́то мáма.* *Э́то пáпа.* *Э́то А́нна.* *Э́то Антóн.*

❷ *Тут Антóн.* *Он тут.* *Там А́нна.* *Онá там.*

❸ *Э́то дом.* *Тут пáпа.* *Он дóма.* *Э́то мáма.* *Онá там.*

❹ *Э́то А́нна.* *Онá дóма.* *Это Антóн.* *Он там.*

10. Перепишите текст.

Запомните: большие буквы пишутся в собственных именах и в начале предложений!*

❶ *Э́то дом. Тут па́па. Он до́ма. Э́то ма́ма. Она́ там.*

❷ *Э́то Анна. Она́ до́ма. Э́то Анто́н. Он там.*

Задания

❶ Напишите по 2 строки буквы:

А а, Э э, У у, О о, М м, П п, Б б, Н н, Т т, Д g.

❷ Напишите и выучите **слова урока 1**, распределив их по ритмическим группам (***см. Правило 1***):

① ↙ , ② ↙ , ③ ↙

3   3 : 1   2 : 3

❸ Разделите слова на слоги, назовите в них **ударные и безударные** гласные, **глухие и звонкие** согласные.

Помните, что каждый **русский слог** содержит гласный звук и один или более согласных.

тома́т, до́ма, пото́м, бато́н, на́до, то́нна, бо́мба, ту́мба, э́то, Э́мма, ду́ма, бана́н, тума́н.

* 고유명사와 문장 첫 번째 문자는 대문자로 써야 합니다.

❹ Напишите фразы. Укажите центр ИК-1. Прочитайте их.

Э́то дом. Э́то Эмма. Она́ до́ма. Анто́н тут. А́нна там.
Э́то Анто́н. Он тут. Э́то А́нна. Она́ там.

❺ Напишите и выучите слова урока:

ма́ма –
па́па –
дом –
тут –
там –
до́ма –
бато́н –
он –
она́ –
оно́ –
э́то –
да́та –

УРО́К 2

Гла́сные	[ы], [и]	Буквы	ы		ы	
			И	и	*И*	*и*

Гласные звуки [ы], [и] похожи на аналогичные корейские в словах [ma-nɨl'] – «чесно́к», [pɨ-nu] – «мыло».

Произнося гласный [ы], поднимите кончик языка, а весь язык вместе с кончиком отодвиньте назад от передних зубов.

При гласном [и] кончик языка упирается в нижние зубы, язык продвинут вперёд и вверх, приближаясь к верхним зубам и твёрдому нёбу. Рот раскрыт минимально, губы растянуты, как при улыбке (см. *рис.* 8, 9).

Рис. 8. Гла́сный [ы]

Рис. 9. Гла́сный [и]

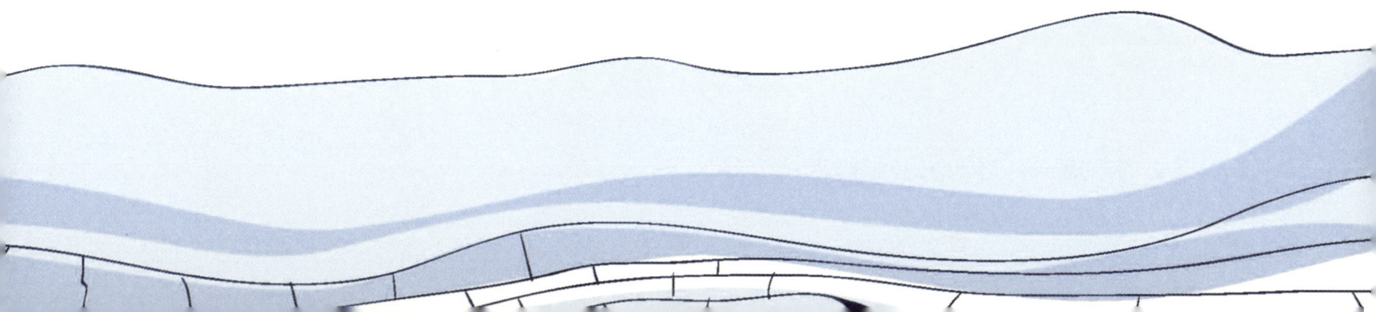

УРО́К 2

Гла́сные [ы], [и]

Бу́квы

ы		*ы*	
И	и	*И*	*и*

Гласные звуки [ы], [и] похожи на аналогичные корейские в словах [ma-nɨl’] – «чесно́к», [pi-nu] – «мыло».

Произнося гласный [ы], поднимите кончик языка, а весь язык вместе с кончиком отодвиньте назад от передних зубов.

При гласном [и] кончик языка упирается в нижние зубы, язык продвинут вперёд и вверх, приближаясь к верхним зубам и твёрдому нёбу. Рот раскрыт минимально, губы растянуты, как при улыбке (см. *рис.* 8, 9).

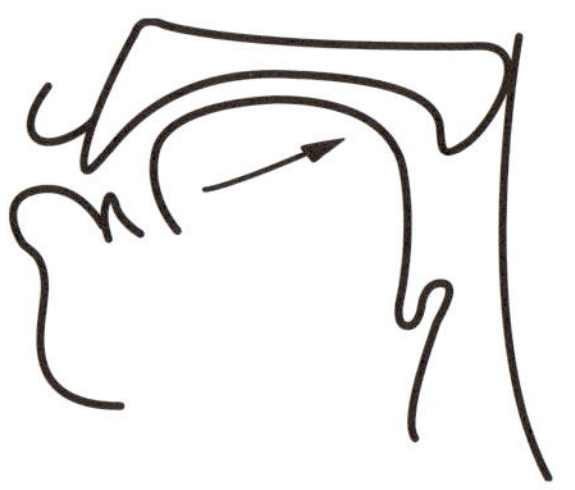

Рис. 8. Гла́сный [ы]

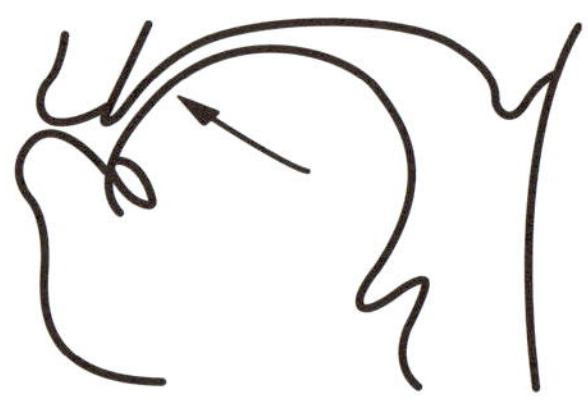

Рис. 9. Гла́сный [и]

러시아어 모음 [ы], [и]는 한국어 단어 ‘마늘’의 ‘으’ 그리고 ‘비누’의 ‘이’와 유사합니다.

모음 [ы]는 혀끝을 위로 올린 채 혀 전체를 뒤로 당긴 상태로 발음합니다.

모음 [и]는 혀끝을 아랫니에 대고 나머지 혀 전체를 윗니와 경구개에 가까워지도록 앞과 위로 민 상태에서 발음합니다. 입은 최소한만 벌리며, 입술은 미소를 지을 때처럼 양쪽으로 당깁니다.

1. Слушайте и повторяйте слоги и слова. Следите за артикуляцией гласного [ы]. Читайте.

❶ *ма, му, мы; то, ту, ты; на, ну, ны; да, до, ды; бо, бу, бы.*
❷ *амы́ – мы; аты́ – ты; абы́ – бы; ады́ – ды.*
❸ *а́ты – да́ты; о́ты – но́ты; а́мы – ма́мы; а́пы – па́пы.*

Согла́сные [ф], [в]

Бу́квы	Ф	ф	*(эф)*	*Ф*	*ф*
	В	в	*(вэ)*	*В*	*в*

В КЯ этих звуков нет. Произнося [ф], [в], нижнюю губу слегка прижмите к краю верхних зубов, верхнюю губу немного приподнимите. Струя воздуха продувается в образовавшуюся щель. Согласные [ф]-[в] – пара глухого и звонкого согласных. Не заменяйте [в] корейским [w], как в слове «won».

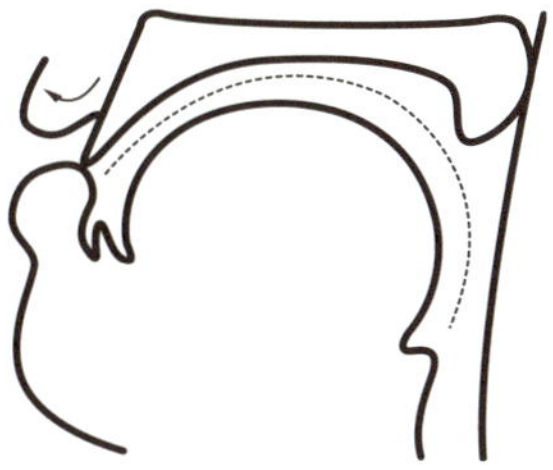

Рис. 10. Согла́сные [ф], [в]

이 자음 소리들은 한국어에 없습니다. 러시아어 자음 [ф], [в]는 윗입술을 약간 당겨 올리고 윗니를 아랫입술 가장자리에 살짝 대고 발음합니다. 이때 공기의 흐름이 윗니와 아랫입술 사이의 틈으로 빠져나가게 합니다. 러시아어 자음 [ф]와 [в] 무성음과 유성음 쌍입니다. 러시아어 자음 [в]를 한국어 단어 '원'에서와 같은 [w]로 발음하지 말아야 합니다.

2. Слушайте и произносите слоги и слова. Следите за артикуляцией звуков [ф]-[в]. Не допускайте замены [ф] корейским придыхательным [p′].

❶ *фа, фо, фы, фу.*

❷ *ава́, аво́, аву́, авы́.*

❸ *а́фа – аф; о́фа – оф; и́фа – иф.*

❹ *ву – вут; во – вон*; ва – ван, Ива́н; фо – фон, во – вот.*

3. Слушайте слова и фразы, повторяйте их за преподавателем. Читайте фразы с ИК-1.

❶ *фо́то. вода́. Ива́н Попо́в*[ф]. *А́нна Попо́ва. Тут Ива́н и А́нна Попо́вы.*

❷ *Э́то фо́то. Вот Ива́н и А́нна. Вот Ива́н, а вот А́нна.*

Согла́сные [к], [г]	Бу́квы	К	к	*(ка)*	*К*	*к*
		Г	г	*(гэ)*	*Г*	*г*

В КЯ звуки, аналогичные русским согласным [к], [г], произносятся, например, в слове [kagam] – «сложение и вычита́ние».

При произношении русских [к], [г] кончик языка лежит у основания нижних зубов, задняя часть спинки языка образует смычку с мягким нёбом. Эти звуки ненапряжённые, конечный [к] взрывной.

Согласные [к]-[г] – пара глухого и звонкого согласных.

---

* 2과부터 각 페이지에 새로 나오는 단어를 각주 부분에 제시합다.
вон – 저기, Ива́н – 이반(남자이름), вот – 여기, фо́то – 사진, вода́ – 물, Попо́в (남자), Попо́ва (여자) 러시아인의 성(姓)

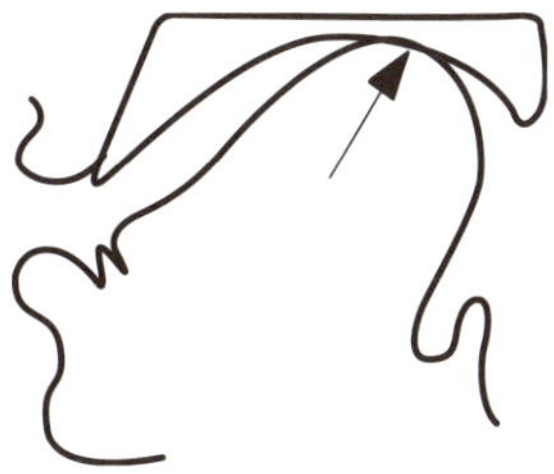

Рис. 11. Согла́сные [к], [г]

러시아어 자음 [к], [г]는 각각 한국어 단어 '가감'(더하기와 빼기)에서의 첫 번째 'ㄱ'과 두번째 'ㄱ' 발음과 유사합니다.

러시아어 자음 [к], [г]는 혀끝을 아랫니의 잇몸 아래에 두고 혀의 뒷부분을 연구개와 접촉시켜 발음합니다. 이 소리들은 긴장음이 아니며, 어말 위치에서는 파열음으로 발음됩니다. 자음 [к]-[г]는 무성음, 유성음 대응쌍입니다.

4. Слушайте и повторяйте, читайте слоги и слова, различайте глухой и звонкий [к]-[г].

❶ *ка, ко, ку; ага́ – га, аго́ – го, агу́ – гу; ка – га, ко-го, ку – гу.*

❷ *ика́ – ига́, агу́ – аку́, ако́ – аго́; нга – нго – нгу;*
*пока́** *– бока́, года́ – нога́, куда́ – дуга́.*

❸ *кот – гот, гон – кон, кно – гно, ква – гва, гдо – кто, бу́ква, окно́.*

5. Слушайте и повторяйте слоги, обратите внимание на конечные взрывные согласные [п], [т], [к], они произносятся со взрывом смычки.

❶ *так, ток, Пак, бак, бок, мак, док, кок, бык, мок, бук, нак, нок, дук.*

❷ *кот – гот, мот – нот, бот – пот, гот – дот, вот – фот, тут – дут.*

❸ *ап – оп, пап – поп, дуп – туп, боп – поп, гуп – куп, бок – бот – боп.*

* пока́ – (헤어질 때) '안녕' 또는 '~할 때', куда́ – 어디로, кто – 누구, бу́ква – 문자, окно́ – 창문

Согла́сные [с], [з]

Бу́квы	С	с	(эс)	*С*	*с*
	З	з	(зэ)	*З*	*з*

Русские согласные [с], [з] отличаются от аналогичного корейского согласного [s] местом образования (см. *рис.* 12).

Согласного [z], аналогичного русскому звонкому согласному [з], в КЯ нет. При произношении согласных [с], [з] язык не напряжён. Опустите кончик языка к основанию передних нижних зубов. Губы слегка растяните, приоткрыв зубы. С силой продувая воздух в щель между зубами и языком, добейтесь характерного свистящего шума. Русские согласные [с]-[з] – пара глухого и звонкого согласных.

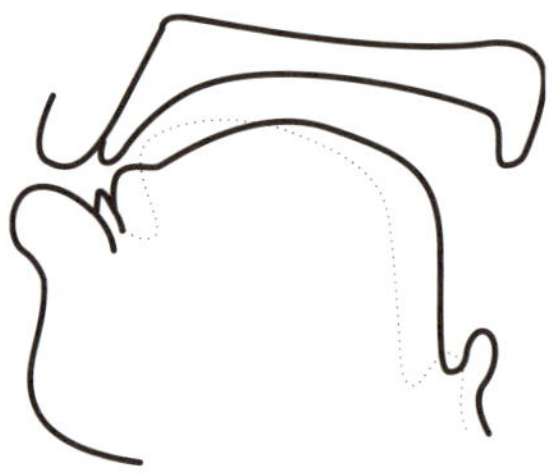

Рис. 12. Согла́сные [с], [з]
____ – *ру́сские*
…… – *корейские*

러시아어 자음 [с], [з]는 유사한 한국어 자음 [s]와 조음 위치가 다릅니다. (그림 12 참조). 러시아어 유성자음 [з]와 유사한 자음 [z]가 한국어에는 없습니다. 자음 [с], [з]를 발음할 때 혀는 긴장시키지 않습니다. 혀끝을 앞니 이뿌리 쪽에 대고 입술을 양쪽으로 살짝 당기면서 위 아랫니를 살짝 벌리고 혀와 아래윗니 사이의 틈으로 공기를 강하게 불어내어 발음합니다. 러시아어 자음 [с]-[з]는 무성음, 유성음 대응쌍입니다.

6. Слушайте и повторяйте. Используйте зеркало, чтобы следить за артикуляцией [с]-[з]. Контролируйте противопоставление глухих и звонких согласных. Читая слоги, слова и фразы обратите внимание на редукцию безударных гласных.

❶ *са – сат, со – сок*, су – суп, сы – сын; ас – нас – вас, ос – нос – кос.*

❷ *азá – за – ас; гас – бас – пас – вас – фас; азó – зо, ос;*
кос – гос – бос – вос.

❸ *áса – áза – вáза – фáза – бáза; óса – óза – дóза – пóза – вóза;*
и́са – и́за – ви́за; ýса – ýза – мýза.

❹ *бут – вут – зовýт; бас – вас; ваз зовýт. Как вас зовýт?*

7. Повторите правило 2. В конце слов звонкие парные согласные произносятся как парные глухие согласные. Конечные [п], [т], [к] произносятся как взрывные.

❶ б ⇨ [п] : *дуб, боб, зуб;* д ⇨ [т] : *сад, год, суд;*

❷ з ⇨ [с] : *газ, воз, вуз;* г ⇨ [к] : *дог, маг, мог;*

❸ в ⇨ [ф] : *зав, зов, Ивано́в;*

кот, сыт, вот, заво́д; суп, поп, стоп; сок, бак, таба́к;
бас, газ, заказ; нов, снов, Сосно́в.

8. Слушайте и произносите слоги и слова, не допускайте вставки гласного в сочетание согласных.

❶ *на – мна, ну – мну, но – мно, ны – бны, сна – зна, кна – гна, тна – дна.*

❷ *ва – два, во – тво, ву – звук, ква – бýква – Москвá; ска – мáска.*

❸ *окнó, доскá, кóмната; звук и бýква; оди́н звук – однá бýква.*

---

* сок – 주스, суп – 수프, сын– 아들, ви́за – 비자, Как вас зовýт? – 당신의 이름은 무엇입니까? сад – 정원, год – 연, 해, заво́д – 공장, стоп – 스톱, газ – 가스, два – 2, звук – 소리, 음성, Москвá – 모스크바, доскá – 칠판, 판자, кóмната – 방, оди́н – 1(남성형), однá – 1(여성형)

9. Слушайте, повторяйте, читайте ритмические группы слов. Следите за изменением произношения безударных гласных [о], [а].

❶ ___↙ _ (3 : 2) *су́дно, мо́дно, о́кна, А́нна, ва́нна, су́мма, ва́за, то́нна, су́мка.*
❷ _ ↙___ (2 : 3) *оди́н, одна́, одно́, окно́, давно́, доска́, стака́н, кусты́, студе́нт, Москва́.*

10. Слушайте и повторяйте предложения. Обратите внимание на слитное чтение слов в предложении и ИК-1. Читайте.

❶ *Вот фо́то. Э́то Москва́. Вот дом*. Э́то ко́мната. Тут одно́ окно́.*

❷ *Вот ко́мната. Там доска́. А тут окно́. Вот сок **и** вода́* [кы].

❸ *Вот сад **и** завод* [ты].

Пра́вило 4

Специальный вопрос (предложение с вопросительным словом) оформляется ИК-2. На гласном интонационного центра тон усиливается. На заударных слогах тон понижается.

Вопросительное слово произносится в убыстрённом темпе.

– Кто э́то? – Э́то Ива́н **– Кто он? – Он студе́нт.**

– Где Ива́н? – Ива́н до́ма.

의문사가 있는 의문문은 ИК-2로 발음합니다. 억양의 중심이 되는 모음에서 톤이 상승하고 그 이후 음절들에서는 톤이 하강합니다. 의문사는 빠르게 발음합니다.

* дом – 집, сок и вода – 주스와 물

11. Слушайте, повторяйте, читайте, различая ИК-1 и ИК-2. Обычно интонационный центр – ударный слог вопросительного слова.

❶ – *Кто[2] э́то?* – *Э́то Анто́н[1].* – *Кто[2] там?* – *Там А́нна[1].*

❷ – *Кто[2] тут?* – *Тут ма́ма и па́па[1].* – *Где[2] они́?* – *Они́ до́ма[1].*

❸ – *Кто[2] э́то?* – *Э́то И́нна[1].* – *Кто[2] она́?* – *Она́ студе́нтка[1].*

❹ – *Как[2] вас зову́т?* – *Ива́н[1].* – *Кто[2] вы?* – *Студе́нт[1].*

Задания

❶ Напишите по 2 строки буквы:

ы, И и, Ф ф, В в, К к, Г г, С с, З з.

❷ Отработайте чтение **двусло́жных слов с ударением на 2 слоге:** (__ ___↙) (2 : 3), следите за редукцией безударных гласных о, а ⇨ [а].

вода́, они́, доска́, заво́д, Москва́, оди́н, одна́, одно́, одни́, зову́т, Попо́в, коко́с, пока́, восто́к, ваго́н.

❸ В вышеприведённых словах определите **глухие** и **звонкие** согласные.

❹ Назовите **звуки на месте** выделенных **букв** и напишите их.

*са**д**, ку**б**, **г**а**з**, за́па**д**, ука́**з**, И**в**ано́**в**, заво́**д**, **б**ума́**г**, кусто́**в**, ку́**з**о**в**.*

❺ Напишите слова и поставьте в них ударения.

буква, комната, доска, ваза, студент, сумка, кусты.

❻ Напишите фразы, определите в них центр и номер ИК, прочитайте.

– *Э́то мы.*

– *Кто вы?* – *Мы студе́нты.*

– *Как вас зову́т?* – *Анто́н и Да́на.*

– *Где вы?* – *Мы до́ма.*

УРО́К 3

Согла́сный [й] **Бу́ква Й й** (*и кра́ткое*) *Й й*

Для корейцев звук [й] не представляет трудностей. Он встречается в названиях корейских букв «ja», «je», «ju» и др.

При произнесении русского согласного [й] – кончик языка лежит на нижних зубах, всё тело языка приподнято и продвинуто вперёд к твёрдому нёбу, кончик языка упирается в нижние зубы. В русском алфавите, как и в корейском, есть специальные буквы, которые передают звук [й] в начале слов: е (й+э), ё (й+о), ю (й+у), я (й+а).

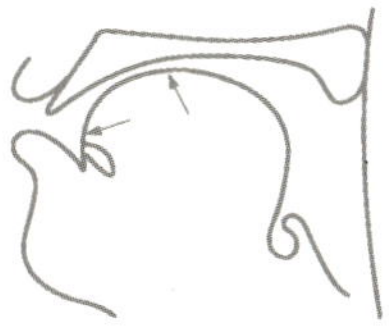

Рис. 13. Согла́сный [й]

УРО́К 3

Согла́сный [й] Бу́ква Й й (*и кра́ткое*) *Й й*

Для корейцев звук [й] не представляет трудностей. Он встречается в названиях корейских букв «ja», «je», «ju» и др.

При произнесении русского согласного [й] – кончик языка лежит на нижних зубах, всё тело языка приподнято и продвинуто вперёд к твёрдому нёбу, кончик языка упирается в нижние зубы. В русском алфавите, как и в корейском, есть специальные буквы, которые передают звук [й] в начале слов: е (й+э), ё (й+о), ю (й+у), я (й+а).

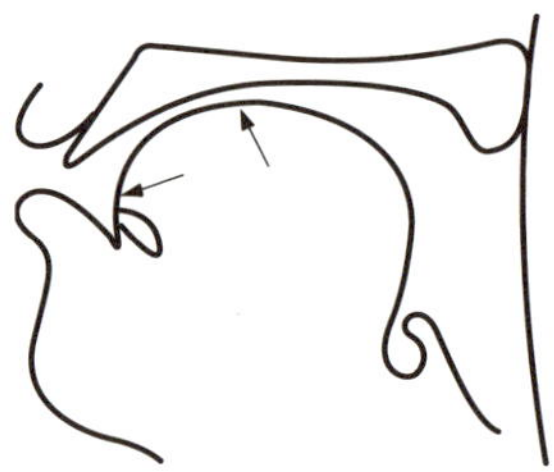

Рис. 13. Согла́сный [й]

한국인에게 러시아어 음성 [й]의 발음은 어렵지 않습니다. 이 음성은 한국어 모음 '야', '예', '유'에도 포함되어 있습니다.

러시아어 자음 [й]는 혀끝을 아랫니 쪽에 밀착시키고 혀의 나머지 부분을 들어 올려 경구개 쪽으로 민 상태로 발음합니다. 러시아어에서는 음성 [й]가 단어 첫머리에 오는 경우 е(й+э), ё(й+о), ю(й+у), я(й+а)라는 철자로 표기합니다. (연자음 뒤에 사용되는 경우와 구별해야 합니다.)

Бу́квы	Е	е	*Е*	*е*	Ё	ё	*Ё*	*ё*
	Ю	ю	*Ю*	*ю*	Я	я	*Я*	*я*
	ъ	*(твёрдый знак)*	*ъ*	ь	*(мя́гкий знак)*	*ь*		

Пра́вило 5

В начале слов под ударением, после гласных и букв ъ и ь буквы е, ё, ю, я обозначают 2 звука.

Например: е ⇨ [йэ] : *ем, поéм, съем;*

ё ⇨ [йо] : *поёт, пьёт;* Буква «ё» [ó, ‘ó] всегда уда́рная.

ю ⇨ [йу] : *юг, мою́, пью́;*

я ⇨ [йа] : *я, моя́, семья́**.

Буква «ь» обозначает мя́гкость предшествующего согласного.

어두 강세 위치와 모음 및 문자 ъ와 ь 뒤에 사용된 문자 е, ё, ю, я는 2개의 음성이 결합되어 있음을 나타냅니다.

문자 «ь» 는 앞의 자음이 연자음임을 나타냅니다.

1. Слушайте, повторяйте, читайте слоги и слова.

❶ *ай, май, дай, знай; ой, мой, пой, стой; я, ем, Ю́нна, ест, ёт.*

❷ *моя́ – амья́ – скамья́, пою́ – пью – пьёт – пью́т;*
мой – моя́ – моё – мои́.

❸ *твой – твоя́ – твоё – твои́. Свой – своя́ – своё – свои́.*

❹ *ем – съем, ест – съест, ёт – пьёт, ян – пьян, юн – вьюн. статья́, судья́.*

* семья́ – 가족, мой, моя́, моё, мои́ – 나의,
твой, твоя́, твоё, твои́ – 너의 (순서대로 남성, 여성, 중성, 복수형)

Грамматика

В русском языке 2 числа́ имён существительных: еди́нственное и мно́жественное. В единственном числе существительные относятся к одному из трёх родов: мужско́му, же́нскому, сре́днему.

Наприме́р:

дом, сад, Анто́н, па́па ♂ (*он*) – мужско́й род; нет окончания
ко́мната, А́нна, ма́ма ♀ (*она́*) – же́нский род; окончание (–а)
окно́, кака́о ☼ (*оно́*) – сре́дний род; окончание (–о)

러시아어 명사는 2가지 수에 따른 형태, 즉 단수형과 복수형이 있습니다. 단수형 명사는 3가지 성, 즉 남성, 여성, 중성 가운데 하나에 해당됩니다.

2. Слушайте, повторяйте, предложения с ИК-1.

❶ *Мой* $\overset{1}{\text{дом}}$. *Моя́* $\overset{1}{\text{су́мка}}$. *Моё* $\overset{1}{\text{окно́}}$. *Мои́* $\overset{1}{\text{кни́ги}}$.
❷ *Твой дом. Твоя́ су́мка. Твоё окно́. Твои́ кни́ги.*

3. Слушайте, повторяйте, следите за ударением и ритмикой слов. Определите род имён существительных.

❶ *сок, сад, суп, мост, май, звук.*
❷ ↙___ _ (3 : 2) *да́та, бу́ква, су́мка, фо́то, то́нна.*
❸ _ ___↙ (2 : 3) *окно́, стака́н, Москва́, вода́, доска́, заво́д, панно́, коко́с, компо́т.*

4. Слушайте, повторяйте, читайте. Следите за изменением безударных [о], [а] и оглушением парных согласных в конце слов.

❶ *он – она́, дом – дома́, том – тома́, год – года́, сад – сады́, мост – мосты́.*
❷ *год – го́ды, газ – га́зы, зуб – зу́бы, куб – ку́бы; мой – мои́, твой – твои́.*

Пра́вило 6

При оформлении общего вопроса (предложение без вопросительного слова) на гласном интонационного центра (слова, в котором содержится вопрос) **тон** голоса резко **повышается**. Это ИК-3. На заударной части **тон понижается**. В ответе используют ИК-1, после слов «Да», «Нет»* – **пауза**.

Э́то Анто́н? (ИК-3)
Да, / э́то Анто́н. (ИК-1 / ИК-1)

Э́то твоё фо́то? (ИК-3)
Да, / э́то моё фо́то. (ИК-1 / ИК-1)

Твоя́ ко́мната там? (ИК-3)
Да, / моя́ ко́мната там. (ИК-1 / ИК-1)

의문사가 없는 의문문은 억양 중심(의문의 초점이 되는 단어)의 강세 모음 톤을 급격히 상승시킵니다. 그것이 ИК-3입니다. 강세 이후 음절들의 억양은 하강합니다. 그런 의문문에 대한 답문은 ИК-1이 되는데, 먼저 'Да' 또는 'Нет' 으로 답한 뒤 약간의 시차를 두고 답문을 말합니다.

5. Слушайте, повторяйте, читайте. Следите за правильным произношением **ИК-1, ИК-2, ИК-3**.

❶ – *Кто э́то?* (2) – *Э́то Сок У.* (1) – *Он студе́нт?* (3) – *Да, он студе́нт.* (1 / 1)

– *Кто э́то?* (2) – *Э́то Ю На.* (1) – *Она студе́нтка?* (3) – *Да, она студе́нтка.* (1 / 1)

– *Кто тут?* (2) – *Тут Ива́н и Я́на.* (1) – *Они́ студе́нты?* (3) – *Да, студе́нты.* (1 / 1)

* нет – 아니오, студе́нт (-ка) – 대학생(여대생)

❷ – *Кто[2] вы? – Я студе́нт[1]. – Как вас зову́т[2]? – Анто́н[1].*

*– Кто[2] он? – Он студе́нт[1]. – Как его́** [йиво́] зову́т[2]? – Его́ зову́т Сок У[1].*

– Кто[2] она́? – Она́ студе́нтка[1]. – Как её [йийо́] зову́т[2]? – Её зову́т А́нна[1].

❸ – *Э́то твой[3] дом? – Да[1], / э́то мой[1] дом.*

– Там твоя́[3] ко́мната? – Да[1], / там моя́[1] ко́мната. (– Да[1], / моя́[1].)

– Э́то твоё[3] окно́? – Да[1], / э́то моё[1] окно́. (– Да[1], / моё[1].)

6. Напишите фразы по модели. Укажите цифрой центр интонации. Прочитайте фразы.

***Моде́ль**: Э́то он[1]. – Э́то он[3]? – Да[1], / э́то он[1].*

мы, вы, я, ты, она́, они́, И́нна, ва́за, стака́н, Москва́, мост, сад, заво́д, доска́, окно́, бумага́, сок, вода́, кака́о.

7. Над выделенными словами предложений укажите центр интонации и номер ИК. Перепишите и прочитайте. Следите за слитностью произношения слов и интонаций.

Вот моё фо́то. Тут мой дом. Вот моя́ ко́мната. Э́то мой па́па. Он до́ма. Э́то моя́ ма́ма. Она́ там. А э́то я. Меня́ [м’ин’я́] зову́т Анто́н. Я студе́нт.

– Э́то твоё фо́то? – Да, моё. – Тут твой дом? – Да, тут мой дом.

– Э́то твоя́ ко́мната? – Да, моя́. – Где твой па́па и ма́ма? – Они́ до́ма.

– Как тебя́ [т’иб’я́] зову́т? – Меня зовут Анто́н. – Кто ты? – Я студе́нт.

---

* его́ – 그의, её – 그녀의, модель - 모델, они́ – 그(것)들, мост – 다리, 교량, бума́га – 종이, номер - 번호, дома - 집에 (있다)

Задания

❶ Напишите по 2 строки буквы:

й; Е, е; Ё, ё; Ю, ю; Я, я; ъ, ь

❷ Следующие слова разделите на слоги, назовите в них только **звонкие** согласные и **звуки на месте подчёркнутых букв**.

пока́, ваго́н, я́года, за́пад, восто́к, зака́з, ва́та, вода́, твоё, моя́, Ю́нна, война́, ю́бка, оди́н, ёмко.

❸ Слушайте слова, поставьте в них **ударение**. Прочитайте.

Москва, твоя, завод, комната, бумага, студенты, космос, капуста, Яна.

❹ Читайте слова в данных словосочетаниях слитно.

Я и ты; он и она́; мы и вы; ма́ма и я; Ива́н и Я́на; звук и бу́ква.

❺ Слушайте фразы. В словах каждой фразы на слоге - центре интонации - поставьте **номер ИК**. Прочитайте их.

Он и она́. Он и она́? Кто они́? – Э́то Ива́н и Я́на.

Ма́ма до́ма. Ма́ма до́ма? Где она́? – Она до́ма.

Мой дом. Твой дом? Э́то твой дом? – Да, э́то мой дом.

Вот Москва́. Э́то Пуса́н. Э́то Пуса́н? – Да, э́то Пуса́н.

❻ Перепишите предложения. Объясните написание больших букв. Прочитайте предложения.

Он и она́. Он и она́? Кто они́? – Э́то Ива́н и Я́на.

Ма́ма до́ма. Ма́ма до́ма? Где она́? – Она до́ма.

Мой дом. Твой дом? Э́то твой дом? – Да, э́то мой дом.

Вот Москва́. Э́то Пуса́н. Э́то Пуса́н? – Да, э́то Пуса́н.

Ко́мната. Вот моя́ ко́мната. Э́то твоя́ ко́мната? – Да, моя́.

УРÓК 4

Соглáсный [р] Буква Р р *(эр)* *Ф* *р*

Русский звонкий согласный [р] образуется с помощью вибрáции кóнчика языкá, который слегка загнут за альвеолы. Сильная воздушная струя, направленная на кончик языка, создаёт его вибрацию и определяет правильное произношение русского согласного звука [р].

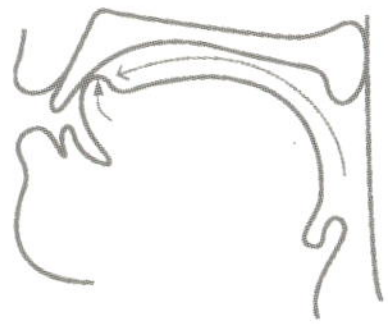

Рис. 14. Соглáсный [р]

УРО́К 4

Согла́сный [р] Бу́ква Р р *(эр)* *Р* *р*

Русский звонкий согласный [р] образуется с помощью вибра́ции ко́нчика языка́, который слегка загнут за альвеолы. Сильная воздушная струя, направленная на кончик языка, создаёт его вибрацию и определяет правильное произношение русского согласного звука [р].

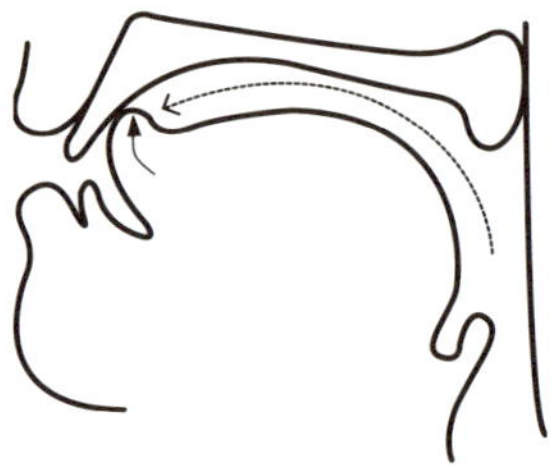

Рис. 14. Согла́сный [р]

러시아어 유성 자음 [р]는 혀끝을 윗니 뒤 잇몸에 살짝 대고 진동시켜 발음합니다. 이때 입안 공기의 흐름을 혀끝 쪽으로 강하게 내보내 혀끝을 진동시켜야 자음 [р]가 올바르게 발음될 수 있습니다.

1. Слушайте и произносите. Следите за артикуляцией согласного [р]. Читайте.

❶ *адра́ – адро́ – адру́ – адры́;* *тра – тро – тру – тры́.*

❷ *дру – друг*, бра́ – брат, фра – фра́за, тра – у́тро, ро – уро́к.*

❸ *а́рка – ма́рка, а́рта – ка́рта, Ма́рта, за́втра* [*за́фтра*].

❹ *ар – пар – бар – фар – вар; ор – пор, Ур – тур, ыр – сыр.*

❺ *порт – борт, форт – порт, корт – горд, сорт – спорт.*

2. Слушайте, повторяйте, читайте. Следите за длительностью ударных слогов, произношением безударных гласных. Обратите внимание на ритмику в группах слов.

❶ ↙___ _ 3 :2 (3 : 1) *ма́рка, ка́рта, у́тро, о́стров, тру́дно, фру́кты, гро́мко, гру́ппа, бы́стро, фра́за, го́род, но́вый, ста́рый.*

❷ _ ↙___ (2 : 3) *уро́к, вопро́с, отве́т, рука́, нога́, моя́, твоя́, страна́.*

Пра́вило 7

Буквы а, э, о, у, ы обозначают на письме твёрдость предшествующего согласного, а буквы я, е, ё, ю, и, ь передают мягкость предшествующего согласного. Русские согласные делятся на твёрдые (с окраской на [ы]) и мягкие (с окраской на [и]).

При этом буквы я, е, ё, ю обозначают *один* гласный звук.

Например: дя́ [д’а] *дя́дя;* де́[д’е́] *где? де́ти;* тё [т’о́] *тётя;*
рю́ [р’у] *говорю́;* [п’ит’] *пить*

모음 문자 а, э, о, у, ы는 앞의 자음이 경자음임을 표시하며, 모음 문자 я, е, ё, ю, и, ь는 앞의 자음이 연자음임을 표시합니다. 러시아어 자음은 경자음(твёрдые

* друг – 친구, брат – 남자 형제, фра́за – 구문, у́тро – 아침, уро́к – 과, 수업, ма́рка – 우표
ка́рта – 지도, за́втра – 내일, сыр – 치즈, порт – 항구, спорт – 스포츠
тру́дно – 힘들게, 어렵게, гро́мко – 큰 소리로, гру́ппа – 그룹, бы́стро – 빨리, го́род – 도시
но́вый – 새로운, ста́рый – 낡은, вопро́с– 질문, отве́т – 대답, рука́ – 손, 팔, страна́ – 나라, 국가

соласные)과 연자음(мягкие согласные)으로 나누어집니다. 연자음 뒤에 사용된 문자 я, е, ё, ю는 하나의 모음 소리를 표시합니다.

При произношении мягких согласных весь язык продвинут вперёд и передне-средняя часть спинки поднята к твёрдому нёбу. Кончик языка лежит у нижних зубов. Мягкие согласные [т’], [д’], [н’] произносятся в соответствии с данным правилом (см. *рис*.15.2).

연자음을 발음할 때는 혀 전체를 앞쪽으로 이동시키고 혀의 앞부분과 중간부분을 경구개 쪽으로 들어 올려 발음합니다. 이 때 혀끝은 아랫니 쪽에 위치시킵니다. 연자음 [т’], [д’], [н’]도 그와 같이 발음합니다.

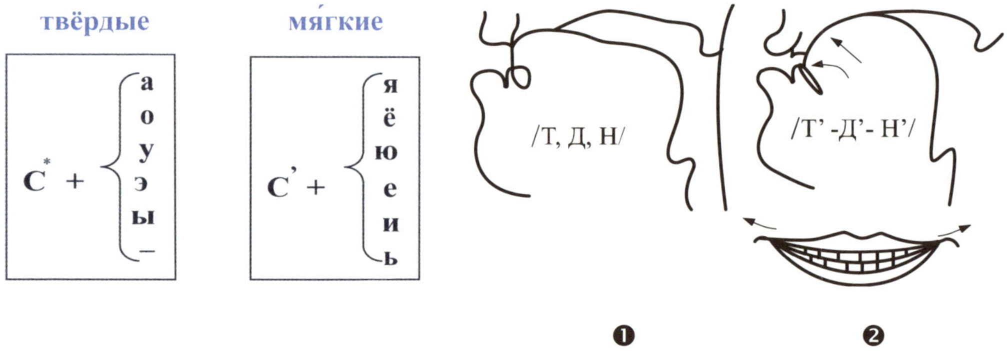

Рис. 15. Артикуляция ❶ ***твёрдых*** [т – д – н] согласных;
❷ ***мя́гких*** [т’ – д’ – н’] согла́сных.

3. Слушайте, повторяйте, читайте. Следите за правильной артикуляцией.

❶ *иди́, ими́, уни́, уви́, ури́, ати́, ази́, аси́, ани́, аби́, афи́.*

❷ *и́ми – имь, и́ни – инь, о́си – ось, о́ни – о́нь – конь, и́ти – ить, пить.*

❸ *ти, тя, те, тё, тю; ря, ре, рё, ри; ве, вя, вю, вё, ви; дя, дё, дю, ди.*

* C – 임의의 경자음 표시 기호, C’ – 임의의 연자음 표시 기호

4. Слушайте, повторяйте, читайте пары слов.

❶ *тип – тиф, мят – мяс, рис*[*] *– риф, пят – пять, вет – веть, рит – рить.*

❷ *быт – быть, бит – бить, мят – мять, вер – верь, тем – темь, ерь – дверь.*

❸ *пить – бить, мать – мять, тень – день, дать – тать, ныть – нить.*

5. Согласно правилу 2 звонкие мягкие парные согласные в конце слов произносятся как глухие.

- бь ⇨ [п’] : *Обь, дробь;*
- вь ⇨ [ф’] : *вновь, бровь, кровь, любовь;*
- дь ⇨ [т’] : *площадь, медь;*
- зь ⇨ [с’] : *связь, мазь.*

Обувь, морко́вь, тетра́дь.

Пра́вило 8

В безударном положении на месте букв и, е, я произносятся краткие звуки [и], [ь]. В позиции произносится краткий [и], а в позиции 1 очень короткий [и], который обозначают знаком [ь]. *См. правило 2.*

и, е, я → [и]		и, е, я → [ь]	
и ↘	*кино́*	и ↘	*ви́дит*
е → [и]	*метро́*	е → [ь]	*е́дет*
я ↗	*язы́к*	я ↗	*де́сять*

비강세 위치에서 모음 и, е, я는 짧은 [и]나 [ь]로 발음됩니다. 모음 и, е, я는 위치 2에서는 짧은 [и]로 발음되며, 위치 1에서는 그보다 더 짧은 [и]로 발음되는데 그것을 발음기호 [ь]로 표기합니다.

---

* рис – 쌀, пять – 5, дверь – 문, мать – 어머니, день – 낮, 요일, дать – 주다, тетра́дь – 공책, кино́ – 영화, метро́ – 지하철, язы́к – 언어, 혀, де́сять – 10

6. Слушайте, повторяйте. Следите за ритмикой в группах слов. Читайте.*

❶ и ↙ (2 : 3) *пяти́, семи́, тяни́, бери́, иди́, веди́, идёт, ведёт; язы́к, пята́к, зима́, весна́.*

❷ ↙ ь (3 : 1) *ви́дит, ве́рит, зна́ет, а́дрес, но́мер, де́вять.*

7. Выучите личные местоимения. Отрицательную частицу «не» произносите как [н’и] и слитно с последующими словами**

Я, ты, он, она́, оно́; мы, вы, они́.

❶ *Не_я́. Не_ты́. Не_о́н. Не_она́. Не_мы́. Не_вы́. Не_они́.*

– *Э́то Ива́н?* – *Нет, э́то не Ива́н.* – *Нет, э́то не о́н.*

❷ – *Э́то Ма́рта?* – *Нет, э́то не она́. Э́то Мари́я.*

– *Здесь*** Ви́ктор и Анто́н?* – *Нет, здесь не они́. Э́то Ива́н и Серге́й.*

8. Слушайте, повторяйте. Читайте слова, обращая внимание на ритмику и произношение безударных гласных.

❶ ↙ а (3 : 2) *Тётя, дя́дя, и́мя, вре́мя, кни́га, у́тро, мя́со, ры́ба, фру́кты.*

❷ ↙ ъ (3 : 2), (3 : 1) *Но́вый, ста́рый, го́род.*

❸ ↙ _ _ (3 : 1: 2) *Ко́мната, ро́дина, фа́брика.*

---

* 강세 음절과 비강세 음절의 양적 특성에 따라 강세 모음은 숫자 3으로, 강세 앞음절, 어두와 어말의 비강세 모음은 숫자 2로, 나머지 위치의 비강세 모음은 숫자 1로 표시합니다.

** 부정소사 не는 [н’и]로 발음되며, 다음 단어와 이어서 발음한다는 것에 주의하세요.

*** здесь – 여기, вре́мя – 시간, кни́га – 책, мя́со – 고기, ры́ба – 물고기, ро́дина – 조국, 고향, фа́брика – 공장

④ _ ↙ _ (1 : 3 : 2) *Росси́я*, рабо́та, поня́тно, спаси́бо.*

⑤ _ _ ↙ (1 : 2 : 3) *Магази́н, стадио́н, извини́, говори́ть.*

9. Повторите многосложные слова. Прочитайте их с правильной ритмикой, а предложения – с правильной интонацией.

Коре́я, по-коре́йски, ру́сский, университе́т, кинотеа́тр.

Это моя́ ро́дина[1] / *– Коре́я*[1]*. Меня́ зову́т Се Ин*[1]*. Я говорю́ по-коре́йски*[1]*.*

Мой друг Серге́й[3] / *– ру́сский*[1]*. Его́ ро́дина*[3] / *– Росси́я*[1]*. Он говори́т по-ру́сски*[1]*.*

10. Прослушайте, повторите, выучите фразы, которые говорят русские при встрече и прощании. Произносите их с **ИК-2**.

❶ *стуй – сту́йти – здра́ – ствуй, здра́ – ствуй – ти.*

Здра́вствуй![2] *Здра́вствуйте!*[2]

– Здра́вствуй[2]*, Анто́н! – Приве́т*[2]*, Серге́й.*

– Здра́вствуйте[2]*, профе́ссор!*

– Здра́вствуйте[2]*, господи́н Ким!*

– Здра́вствуйте[2]*, господи́н Ивано́в!*

* Росси́я – 러시아, рабо́та – 일, 직장, поня́тно – 이해가 되다, спаси́бо – 고맙다, магази́н – 상점, говори́ть – 말하다, по-коре́йски – 한국어로, 한국식으로, ру́сский – 러시아의, 러시아 남자, университе́т – 대학교, по-ру́сски – 러시아어로, 러시아식으로, Здра́вствуй(-те) – 안녕(하세요)? приве́т! – 안녕?, господи́н – 영어의 미스터처럼 남자의 성 앞에 붙이는 경칭

❷ *ра́э – бра́э – до́браэ; у́тро.*

– *До́брое у́тро**, *А́ня!* – *Здра́вствуй, Сун И!*

– *До́брый день, Ива́н!* – *Здра́вствуйте, друзья́!*

❸ *да́ния – вида́ния; дъ – сви – да́ – ния.*

– *До свида́ния, Андре́й!* – *Пока́, Анто́н!*

– *До свида́ния, друзья́!* – *До свида́ния, профе́ссор!*

Пра́вило 9

Перед глухими согласными парные звонкие произносятся как глухие пары: ***авто**бус* [афтобус], ***за**в**тра*** [зафтра], ***в кафе*** [фкафэ], ***в парке*** [фпарк'и].

Перед парными зво́нкими (кро́ме *в*) парные глухи́е произносятся как зво́нкие пары.

Как вас зову́т? Меня́ зову́т Бори́с. ([зза], [дба])

러시아어 자음무리 발음 시 뒷 자음의 속성이 앞 자음의 속성에 영향을 주는 역행동화 현상이 발생합니다. 러시아어의 유무성 자음동화도 역행동화입니다.

따라서 유성자음은 뒤에 무성자음이 이어질 때 그것의 영향으로 해당 무성자음 짝으로 발음됩니다.

무성자음은 뒤에 유성자음(в 제외)이 이어질 때 그것의 영향으로 해당 유성자음 짝으로 발음됩니다.

---

* До́брое у́тро! – 안녕(하세요)? 아침인사, До́брый день! – 안녕(하세요)? 낮인사, друзья́ – 친구들, до свида́ния! – 안녕(히 가(계)세요)! 작별인사, пока́ – 안녕! (친구들 사이의 작별인사), профе́ссор – 교수, авто́бус – 버스, за́втра – 내일, в кафе́ [э] – 카페로(에서), в па́рке – 공원에서, знако́мство – 인사, 소개

11. Прослушайте, повторите, выучите диалог «Знако́мство».

«Знако́мство»

Оле́г: – Здра́вствуйте![2] – Извини́те.[2] Как вас зову́т?[2]

Ю На: – До́брое у́тро![2] Меня́ зову́т Им Ю На.[1] А как вас[2] зову́т?

Оле́г: – Меня́ зову́т Оле́г.[1] Олег Петро́в.[2]

Ю На: – Оле́г,[3] / вы студе́нт?[3]

Оле́г: – Да,[1] / я студе́нт.[1] А вы?[4]

Ю На: – И я[2] студе́нтка.

12. Слушайте, повторяйте, Читайте предложение, следите за интонацией. Обратите внимание на произношение подчёркнутых буквосочетаний.

– Кто[2] вы? – Я студе́нт.[1] – Как ва**с** **з**ову́т?[2] – Меня́ зову́т Ди́ма.[1]

– Ди́ма,[3] / а кто[2] э́то? – Познако́мьтесь,[2] / э́то мой дру**г** **Б**ори́с.[1]

– До́брый[2] день, Бори́с. Меня́ зову́**т** **В**е́ра.[1] Вы студе́нт?[3]

– Да.[1] А вы?[4] – И я[1] студе́нтка. – Ди́ма,[3] / куда́[2] вы идёте?

– Мы идём **в** **к**афе́.[1] – До свида́ния,[2] друзья! – Пока́,[2] Ве́ра!

13. Слушайте, повторяйте, читайте. Следите за слитностью слов в предложениях и интонацией.

❶ – *Кто*[2] *вы? – Я студе́нт*[1]*.*

– *Кто она́*[2]*? Она́ моя́ сестра́*[1]*. – Как её зову́т*[2]*? – Ни́на*[1]*.*

– *Кто э́то*[2]*? – Э́то*[3] / *мой друг Андре́й*[1]*. Кто он*[2]*? – Он аспира́нт*[1]*.*

❷ – *Андре́й говори́т*[3] *по-коре́йски? – Да*[1]*. Он зна́ет*[1] *коре́йский язы́к.*

– *Ю На говори́т*[3] *по-ру́сски? – Да*[1] */ Она́ немно́го говори́т*[1] *по-ру́сски.*

– *Ве́ра*[3] */ вы говори́те*[3] *по-коре́йски? – Нет*[1] */ я не говорю́*[1] *по-коре́йски.*

Задания

❶ Напишите по 2 строки букву Р р. Выпишите из словаря урока 4 слова со звуком [р].

❷ Выпишите из словаря двусложные и трёхсложные слова и распределите и напишите их по ритмическим моделям. Прочитайте их с правильной ритмикой.

❸ Следующие слова разделите на слоги, определите мягкие согласные, объясните чтение букв е, ё, ю, я.

господи́н, университе́т, подъём, де́сять, язы́к, дере́вья, Ю́рий, друзья́, сою́з, я́сно, непоня́тно, переводи́ть, объясня́ть.

❹ Слушайте слова, разделите их на слоги, поставьте в них ударение.

марка, утро, трудно, закрой, книга, вопрос, ответ, аптека, правда, сестра, письмо, открытка, подруга, староста, быстро, извините, соседка.

❺ Слушайте слова, напишите то́лько уда́рные слоги.

домой, зовёт, буфет, магазин, аспирант, студентка, марка, Россия. Москва, Петербург, здравствуйте, до свидания, профессор.

❻ Слушайте диалоги, обратите внимание на интонацию. Обозначьте центры и номер ИК.

– Кто здесь? – Здесь Ни́на. – Кто она́? – Она́ студе́нтка.

– Ни́на твоя́ подру́га? – Да, она́ моя́ подру́га. – Где она́? – До́ма.

– Э́то Бори́с? – Нет, э́то Андре́й. – Он студе́нт? – Нет, он аспира́нт.

– Андре́й говори́т по-коре́йски? – Да, он говори́т по-коре́йски.

– Кто говори́т по-ру́сски? – Им Ю На. Она́ зна́ет ру́сский язы́к.

УРО́К 5

Согла́сные [л], [л'] Бу́ква Л л (*эль*) *Л л*

При произнесении русского твёрдого согласного [л] весь язык отодвинут назад от нижних зубов, кончик языка касается верхних зубов. Язык напоминает форму ложки.

При произнесении мягкого согласного [л'] весь язык продвигается вперед, прижимаясь к нижним зубам. Передне-средняя часть спинки языка прижимается к верхним зубам, задняя часть спинки языка приподнята к мягкому нёбу и напряжена.

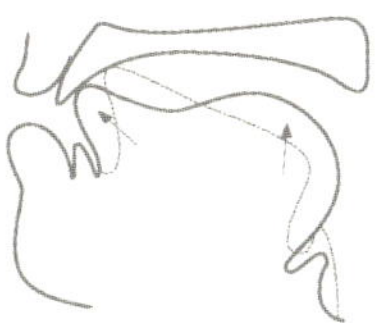

Рис. 19. Твёрдый согла́сный [л]

Рис. 20. Мягкий согла́сный [л']

УРО́К 5

Согла́сный [ц] Бу́ква **Ц ц** *(цэ)* *Ц ц*

Русский твёрдый глухой согласный звук [ц] имеет сложную артикуляцию: смычку [т], переходящую в щелевой элемент [с]. При произнесении [ц] кончик языка опущен, передняя часть языка слегка прижата к верхним зубам, как при звуке [т], а затем язык быстро отодвигается назад и произносится согласный [с]. (См. *рис.* 16).

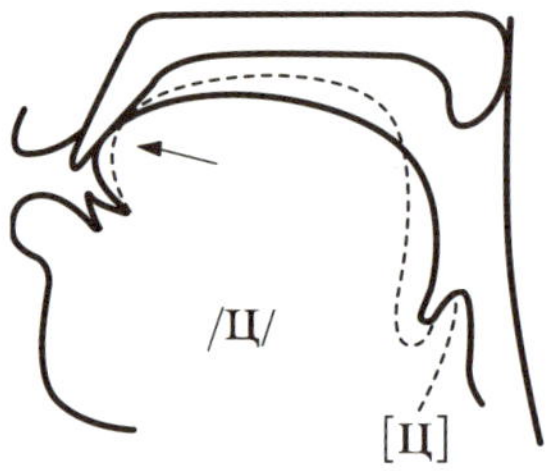

Рис. 16. Согла́сный [ц]
_______ [т]
……… [с]

러시아어 무성 경자음 [ц]의 발음 구조는 복잡합니다. 먼저 자음 [т]를 발음할 때처럼 혀끝을 내리고 혀 앞부분을 윗니에 가볍게 댄 뒤에 혀를 빠른 속도로 뒤로 당기면서 자음 [с] 소리를 내어 발음합니다. (참조: *рис.* 16).

1. Слушайте, повторяйте, читайте, следите за артикуляцией согласного [ц].

❶ *та – та – та; са – са – са; сат … – сот … – сут … – сыт …*

❷ (*бы́стро и непреры́вно**) *сат – сат – сат; сыт – сыт – сыт; сут – сут – сут.*

❸ *ца, цо, цу, цы; ац, оц, уц, ыц; оте́ц, коне́ц, коре́ец.*

❹ *сы – ци* [цы], *сыр – цирк; све – цве, свет – цвет; сте – це, степь – цепь.*

❺ *ти – цы, пти́ца – пти́цы; ни́ца – страни́ца; та́нцы – ста́нция.*

2. Слушайте, повторяйте, читайте. Следите за произношением согласного [ц], ритмикой в словах и интонацией в предложениях.

❶ *оте́ц – отцы́; купе́ц – купцы́; коне́ц – концы́; та́нец – та́нцы. коре́ец – коре́йцы; кита́ец – кита́йцы.*

❷ *Меня́ зову́т Сок У. Я коре́ец. Э́та студе́нтка – корея́нка. Её зову́т Ю На. Мы коре́йцы.*

Согла́сные [ш], [ж]	Бу́квы	Ш	ш	*(ша)*	*Ш*	*ш*
		Ж	ж	*(же)*	*Ж*	*ж*

В КЯ таких звуков нет. При произношении русских согласных [ш]-[ж] кончик языка отодвинут назад от нижних зубов и загнут вверх, не касаясь нёба. Губы немного округлены и выдвинуты вперёд.

Сильная воздушная струя направлена на твёрдое нёбо. Согласные [ш]-[ж] – пара глухого и звонкого согласных. Эти согласные всегда твёрдые.

* бы́стро и непреры́вно 빠르게, 연이어서, оте́ц –아버지, коне́ц – 끝, 마지막, коре́ец – 한국인(남자), цирк – 써커스, цвет – 색깔, страни́ца – 페이지, ста́нция – 역, коре́йцы – 한국사람들, кита́ец – 중국인(남자), корея́нка – 한국여자

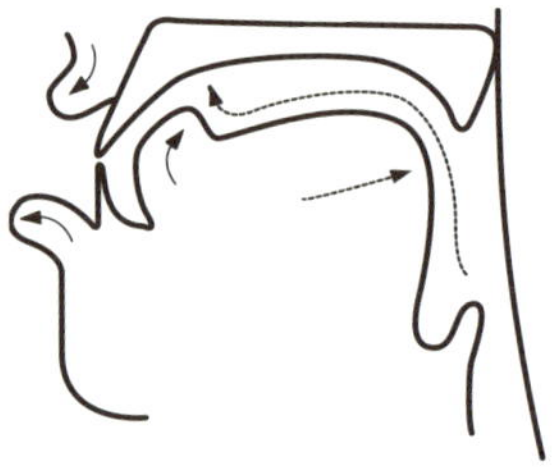

Рис. 17. Соглáсные [ш]-[ж]

한국어에는 [ш], [ж]와 음가가 유사한 자음이 없습니다. 러시아어 자음 [ш]-[ж]는 혀끝을 위로 올리고 혀 전체를 뒤로 당기고 입술을 약간 둥글게 하여 앞으로 내밀고 발음합니다. 이때 혀가 입천장에 닿지 않도록 해야 합니다.

위와 같은 상태에서 강한 공기의 흐름이 경구개를 향하게 됩니다. 자음 [ш]-[ж]는 무성음, 유성음 대응쌍입니다. 이 자음들은 항상 경자음입니다.

3. Слушайте, повторяйте. Следите за артикуляцией звуков [ш]-[ж]. Читайте.

❶ *са – ша, сы – ши* [шы], *су – шу, со – шё* [шо], *се – ше* [шэ].

❷ *аш, наш*, ваш; уш, душ, муж* [ш]; *ош, нож* [ш]; *ыш, мышь* [ш].

❸ *дашь; ешь; дёшь – идёшь; сёшь – несёшь; знáешь, вúдишь, говорúшь.*

❹ *азá – ажá; азы́ – ажú* [ажы́]; *азý – ажý; азó – ажó.*

❺ *знак – Жак; звук – жук; звон – жён; звать – жать; знать – ждать.*

❻ *шар – жар; сыр – жир; шить – жить; Сáша – сáжа; сы́на – шúна.*

4. Слушайте, повторяйте за преподавателем. Следите за редукцией безударных гласных ритмических групп в словах. Читайте.

❶ ↙____ _ (3 : 2), (3 : 1) *мóжно, нýжно, вáжно, ýжин, дрýжба, пúшешь.*

❷ __ ↙____ (2 : 3) *живú, живёшь, спешú, спешúшь, решú, решúшь.*

* наш – 우리의, ваш – 당신의, 여러분의, душ – 샤워, муж – 남편, нож – 칼, мóжно – 가능하다, нýжно – 필요하다, ýжин – 저녁식사, дрýжба – 우정

❸ ___↙___ _ _ (3 : 1: 2) *де́вушка**, *ба́бушка, де́душка, пи́шете.*

❹ _ __ ___↙___ (2 : 3 : 1) *маши́на, оши́бка, руба́шка, спеши́те.*

❺ _ _ ___↙___ (1 : 2 : 3) *каранда́ш, инжене́р, машини́ст, говори́шь.*

Пра́вило 10

После твёрдых согласных [ц], [ш]-[ж] под ударением буквы и, е, ё читаются так:

пи́шем ши жи ци | ше же це | шё жё

чита́ем: [ы] [шы][жы][цы] | [э] | [о́]

шить, жить, цинк;

шесть, жесть, це́ны, сце́на;

шёпот, жёны.

경자음 [ц], [ш], [ж] 뒤 강세 모음 и, е, ё는 위와 같이 각각 [ы], [э], [о́]로 발음됩니다.

5. Слушайте, повторяйте слоги и слова. Следите за чтением букв [и], [е], [ё] после [ш], [ж], [ц].

❶ *ше – ши; шесть – шести́; шест – шесты́; оши́бка,*
пиши́ – пиши́те, скажи́ – скажи́те, то́же.

❷ *же – жи; жена́ – жёны ; живи́ – живу́т; Же́ня – живёт.*

❸ *це – ци; цена́ – цены́; ценя́ – цени́; цыга́н – цинга́.*

❹ *шё – жё; шёпот; прыжо́к.*

* де́вушка – 아가씨, ба́бушка – 할머니, де́душка – 할아버지, маши́на – 자동차, оши́бка – 실수, каранда́ш – 연필, инжене́р – 엔지니어, пиши́ (-те)– (글자 등을) 써라(쓰세요), скажи́ (-те) – 말해라 (말씀하세요), то́же – 역시, 또한, жена́ – 부인

6. Слушайте, читайте. Различайте согласные [с]-[ш], [з]-[ж].

суд – шут, сок – шок, сын – шин, зуд – жуть, зон – жён,
зим – жим, нас – наш, вас – ваш, сток – шток, нос – нож, брось – брошь.

Согла́сные [х]-[х’] Бу́ква Х х *(ха)* *Х* *х*

При произнесении русского твердого глухого [х] нужно отодвинуть опущенный кончик языка от нижних зубов. Задняя часть спинки языка поднята по направлению к мягкому нёбу и образует щель.

При образовании мягкого [х’] кончик языка прижат к нижним зубам. При произношении [х’] весь язык продвигается вперёд, воздух проходит сквозь щель (*Рис*.18).

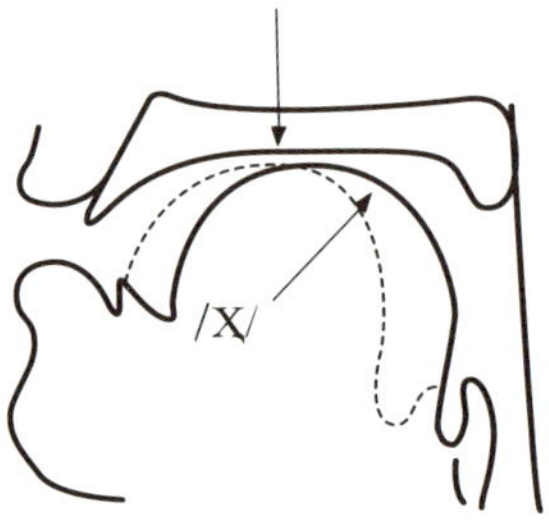

Рис. 18. Глухие согла́сные [х]-[х’]
______ [х], - - - - - - - [х’]

러시아어 경자음 [х]는 혀끝을 아래로 내린 상태에서 뒤로 당기면서 혀의 뒷부분을 연구개 방향으로 들어 올려 좁은 틈을 만들어 발음합니다. 연자음 [х’]는 혀끝을 아랫니에 대고 혀 전체를 앞쪽으로 밀고 발음합니다.

7. Слушайте, повторяйте, читайте слоги и слова. Следите за артикуляцией согласных [к]-[к’], [г]-[г’], [х]-[х’].

❶ *ка – ха, ко – хо, ку – ху; ки – хи, ке – хе; ок – ох, ак – ах, ик – их.*

❷ *бок – Бог [х], мук – мух, дуг – дух, мак – мах, сок – сох, сук – сух.*

❸ *руки́, реки́, ноги́, стихи́*, духи́; звук – зву́ки.*

❹ *де́ньги, ма́рки, ру́сский, кни́ги, ти́хий, гро́мкий; хи́мия – хи́мик.*

❺ *рука́ – ру́ки, река́ – ре́ки, нога́ – но́ги; кни́га – кни́ги, му́ха – му́хи.*

8. Слушайте, повторяйте, читайте слова и предложения с **ИК-1**.

❶ *Ру́сский. Ру́сский язы́к. Ру́сская. Ру́сская кни́га. Ру́сское.*

Ру́сское кино́. Ру́сские. Ру́сские кни́ги. Ру́сские ма́рки. Ру́сские стихи́.

❷ *Ру́сский. По-ру́сски. Коре́йский. По-коре́йски. Кита́йский. По-кита́йски.*

❸ *Ю́ра – ру́сский. Он зна́ет ру́сский язы́к. Он хорошо́ говори́т по-ру́сски.*

Ю На – корея́нка. Она́ зна́ет коре́йский язы́к. Она́ хорошо́ говори́т по-коре́йски.

* стихи́ - 시, звук – 소리, 음성, зву́ки – 소리들, де́ньги – 돈, хи́мия – 화학, хи́мик – 화학자, 화학 전공 학생, рука́ – 손, 팔, река́ – 강, нога́ – 발, 다리, ру́сский (ая, ое) – 러시아의, кино́ – 영화, ру́сские – 러시아의, по-ру́сски – 러시아어로, 러시아식으로, хорошо́ – 좋다, 훌륭하다

Грамматика

В русском языке 2 спряжения глаголов:

I-ое (-е) спряжение: *зна́ть**, *понима́ть, писа́ть, жить;*

II-ое (-и) спряжение: *говори́ть.*

Инфинитив обычно имеет окончание –ть.

러시아어 동사 변화에는 제I식 변화와 제II식 변화의 두 가지 형식이 있습니다.
대부분의 동사 미정형 어미는 –ть입니다.

9. Слушайте, повторяйте. Выучите спряжение глаголов: ***зна́ть, писа́ть, жить, говори́ть.***

I	*Я зна́ю*	*Ты зна́ешь*	*Он (она́) зна́ет*	*Мы зна́ем*	*Вы зна́ете*	*Они зна́ют*
	Я пишу́	*Ты пи́шешь*	*Он (она) пи́шет*	*Мы пи́шем*	*Вы пи́шете*	*Они пи́шут*
	Я живу́	*Ты живёшь*	*Он (она́) живёт*	*Мы живём*	*Вы живёте*	*Они живу́т*
II	*Я говорю́*	*Ты говори́шь*	*Он (она́) говори́т*	*Мы говори́м*	*Вы говори́те*	*Они говоря́т*

10. Слушайте, повторяйте и читайте предложения с ИК-1, а вопросы с ИК-2 и дайте ответы. Читайте.

Э́то мой друг Серге́й.[1] *Он живёт в Петербу́рге*.[1]

Он хоро́ший инжене́р.[1] *Он зна́ет коре́йский язы́к*.[1]

Серге́й хорошо́ говори́т по-коре́йски.[1]

Кто[2] *э́то? Где*[2] *он живёт? Кто*[2] *он? Како́й*[2] *язы́к он зна́ет?*

Как[2] *Серге́й говори́т по-коре́йски?*

* знать – 알다, понима́ть – 이해하다, жить – 살다, говори́ть – 말하다, како́й – 어떤, как - 어떻게

Кто́ говори́т по-коре́йски? Кто́ говори́т по-ру́сски?

11. Слушайте, повторяйте, читайте. Обратите внимание на произношение конечных согласных /п/,/т/,/к/.

❶ б ⇨ [п] : *раб, краб, герб;*
❷ г ⇨ [к] : *снег*, друг, Петербу́рг;*
❸ д ⇨ [т] : *род, го́род, наро́д;*
❹ ж ⇨ [ш] : *муж, эта́ж, паде́ж;*
❺ в ⇨ [ф] : *нрав, прав, Петро́в;*
❻ з ⇨ [с] : *моро́з, арбу́з;*
❼ д ⇨ [т] : *го́род, обе́д, заво́д.*

Пословица: *Семь раз отме́рь, оди́н раз отре́жь.*

12. Слушайте, повторяйте ритмические группы слов. Читайте, следите за произношением безударных гласных и сочетанием согласных.

❶ ↙___ _ (3 : 2) *фра́за, фру́кты, за́втра* [фтр], *у́тро.*
❷ __ ___↙ (2 : 3) *вопро́с, отве́т, звоно́к, обе́д.*
❸ ↙___ _ _ (3 : 1: 2) *фа́брика, хи́мия, пя́тница, ста́нция.*
❹ __ ↙___ _ (2 : 3 : 1) *спаси́бо, сего́дня* [во́], *страни́ца, газе́та, кассе́та, рабо́та.*
❺ _ __ ___↙ (1 : 2 : 3) *магази́н, говори́, повтори́* [фт], *переры́в, отдыха́й* [дд].

---

* снег – 눈, арбу́з – 수박, обе́д – 점심식사,
Семь раз отме́рь, оди́н раз отре́жь. – 일곱 번 생각하고 행동하라.
за́втра – 내일, звоно́к – (전화 등) 벨소리, сего́дня – 오늘

13. Вспомните правило 9. Повторите слова и предложения. Следите за оглушением / озвончением в группах согласных. Читайте.

❶ [фхо] – ***в**ход;* [фтра] – *за́**в**тра;* [фто́] – ***вт**о́рник;* [фпа] – ***в_п**арк;* [фцы] – ***в_ц**ирк;* [фт'и] – ***в_т**еа́тр.*

❷ *Я иду́ в парк. Э́то вход в теа́тр. За́втра мы идём в цирк. Сего́дня – вто́рник, а за́втра – среда́.*

❸ [игза́] – *экза́мен*; мо́жет быть* [мо́-жъ-дбът''], [нажго́] – *наш го́род;* [важзо́] – *ваш зонт.*

❹ *Сеу́л – на**ш г**о́род. Вот ва**ш з**онт. Ско́ро бу́дет э**кз**а́мен. Э́то его́ кни́га? – Мо́же**т б**ыть, не зна́ю.*

14. Читайте. Обратите внимание на слитное произношение словосочетаний с притяжательными местоимениями. Последнее слово произносится с более сильным ударением.
Например: *Мой брат. Мои́ кни́ги.*

❶ *Мой ко́фе, мой оте́ц, мой брат. Моя́ кни́га, моя́ ба́бушка, моя́ сестра́. Моё письмо́, моё зада́ние. Мои́ кни́ги, мои́ друзья́.*

❷ *Твой шарф. Твоя́ оши́бка. Твоё ме́сто. Твои́ тетра́ди.*

❸ *Наш го́род. На́ша страна́. На́ше зада́ние. На́ши студе́нты.*

❹ *Ваш сосе́д. Ва́ша сосе́дка. Ва́ше упражне́ние. Ва́ши друзья́.*

❺ *Его́* [йиво] *зонт (мать, оте́ц, брат и сестра́, письмо́, друзья́).*

❻ *Её* [йийо] *тетра́дь (кни́га, газе́та, рюкза́к, письмо́, семья́).*

❼ *Их дом* [игдо́м] *(брат, сестра́, зада́ния, кни́ги и тетра́ди).*

---

* экза́мен – 시험, зонт – 우산, 양산, письмо́ – 편지, зада́ние – 과제, шарф – 목도리, 숄, сосе́д(ка) – 이웃남자(여자), упражне́ние – 연습문제, рюкза́к – 륙색, 배낭

15. Слушайте, повторяйте, читайте. Различайте ИК-3 и ИК-1.

❶ *Вот твой[1] ко́фе. – Мой[3] ко́фе? – Да,[1] / твой.[1] – Спаси́бо.[1]*

❷ *Э́то ва́ше[1] письмо́. – Моё[3] письмо́? – Да,[1] / ва́ше.[1] – Спаси́бо.[1]*

❸ *На фо́то моя́[1] ба́бушка. – Твоя́[3] ба́бушка? – Да,[1] / моя́.[1]*

❹ *Э́то его́[1] зонт. – Его́[3] зонт? – Да,[1] / его́.[1]*

❺ *Э́то их[1] друзья́. – Их[3] друзья́? – Да,[1] / их.[1]*

Пра́вило 11

В неполном вопросе с союзом «А...?» в начале вопроса, а также в неконечной синтагме используется ИК-4. На гласном интонационного центра тон* слегка понижается, а затем повышается.

*Са́ша – **студе́нт**[1]. А **Ми́ша**[4]?* *Меня́ зову́т **Серге́й**[1]. А вас[4]?*

*Та́ня – **медсестра́**[4]. А Мари́я[4]? – **Агроно́м**[1].*

접속사 A로 시작되는 불완전 의문문과 종결되지 않은 신태그마(통어적 관계를 가진 어구)에서는 ИК-4가 사용됩니다. ИК-4는 억양 중심의 모음에서 톤이 약간 내려갔다가 다시 올라가는 억양 구조입니다.

* медсестра́ – 간호사, агроно́м – 농학자, 농업기사

16. Слушайте, повторяйте, читайте, следите за изменением тона в ИК-4 и ИК-1.

❶ *Меня́ зову́т Са́ша. А вас? Её зову́т Мари́я. А его́?*
(1 4 1 4)

Я живу́ в Москве́. А ты? Серге́й говори́т по-коре́йски. А Ве́ра?
(1 4 1 4)

Ми́ша – инжене́р. А его́ брат? Та́ня – студе́нтка. А Ка́тя?
(1 4 1 4)

❷ *Ни́на обе́дает* до́ма, / а Ма́ша обе́дает в кафе́[э].*
(4 / 1)

Серге́й зна́ет коре́йский язы́к, / а Ве́ра зна́ет ру́сский язы́к.
(4 / 1 1 ¾)

Анто́н говори́т гро́мко, / а Та́ня – ти́хо.
(4 / 1)

17. *Запомните*: При выражении приветствия, просьбы или команды используется ИК-2**. Слушайте, повторяйте фразы. Выучите их.

❶ *Познако́мьтесь! Э́то моя́ сестра́ Сун Хи.*
(2 1)

До́брое у́тро, Ива́н!
(2)

❷ *Здра́вствуйте, друзья́!*
(2)

До́брый день, Ни́на Ива́новна!
(2)

Здра́вствуйте, Юн Дже!
(2)

---

* обе́дать – 점심식사하다, гро́мко – (소리를) 크게, ти́хо – (소리를) 조용하게, Всего́ до́брого! – 헤어질 때의 인사말 (모든 것이 잘되길 빈다는 의미), сади́тесь – 앉으세요, откро́й (-те) – 열어라(여세요), Пиши́те дикта́нт – 받아쓰세요 (받아쓰기를 하세요),

** 환영이나 부탁 또는 명령의 표현은 ИК-2로 발음됩니다

❸ *До свида́ния*[2]*, Рома́н!*

Пока́[2]*, Андре́й! Всего́*[2] *до́брого!* [*фс'иво́ до́*[2]*бръва*]

❹ *Сади́тесь!*[2] *Откро́йте*[2] *тетра́ди!*

Пиши́те[2] *дикта́нт!*

Повтори́те[2] *вопро́с*[2]**! Повтори́те*[2] *отве́т*[2]*!*

18. Слушайте, повторяйте диалоги. Определите в них центр интонации и номер ИК. Читайте.

Мо́жно войти́/вы́йти?

❶ – *Мо́жно спроси́ть? – Да, я слу́шаю вас.*

❷ – *Скажи́те, кто э́то? – Э́то Серге́й.*

– *А кто он? – Он инжене́р.*

❸ – *Э́то студе́нтка? – Да, э́то на́ша студе́нтка.*

– *Как её зову́т? – Ми Рён.*

❹ – *Извини́те, где живёт Ю́ра? – На шесто́м этаже́.*

– *А Ка́тя? – Я не зна́ю.*

❺ – *Скажи́те, Ми Рён зна́ет ру́сский язы́к? – Да, зна́ет.*

– *Как она говори́т по-ру́сски? – Мне ка́жется* [ка́жъца], *хорошо́.*

---

* Повтори́те вопро́с! – 질문을 따라하세요! Мо́жно войти́ / вы́йти? – 들어가도/나가도 됩니까?
слу́шать – 듣다, Скажи́те! – 말씀하세요, Извини́те! – 미안합니다. эта́ж – 층,
Мне ка́жется – 내가 보기에는, ста́рший – 나이가 더 많은, 직위가 더 높은,
дома́шняя хозя́йка - 가정주부,

19. Слушайте и читайте тексты. Следите за произношением и интонацией. Напишите тексты, соблюдайте знаки препинания и написание прописных (больших) букв.

❶ *Здра́вствуйте[2]! Меня́ зову́т Сок У. Я коре́йский[1] студе́нт. Я живу́[1] в Москве́[3/4], а моя́ семья́[3/4], оте́ц[4], мать и ста́ршая сестра́[3/4] – живу́т в Ю́жной Коре́е[3/4], в го́роде Вонджу́[1]. Мой па́па – инжене́р[3/4], ма́ма – дома́шняя хозя́йка[3/4], а сестра́ – студе́нтка[1]. Я немно́го понима́ю и говорю́ по-ру́сски[1].*

❷ *Познако́мьтесь[2], э́то мой друг Ми́ша[1]. Его́ семья́ живёт в Воро́неже[1]. Он то́же[2] студе́нт. Он хорошо́ зна́ет францу́зский язы́к[1]. Мы живём вме́сте[1]*. Вот на́ша хоро́шая и ую́тная ко́мната[1].*

20. Слушайте диалоги. Определите центр интонации и номер ИК. Прочитайте их.

I. – *Вы студе́нт? – Да, я студе́нт МГУ (эм-гэ-у́).*

– *Как вас зову́т? – Меня́ зову́т Сок У.*

– *Вы коре́ец? – Да, я коре́ец.*

– *Где вы живёте? – Я живу́ в Москве́.*

– *Где живёт ва́ша семья? – Моя́ семья́ живёт в го́роде Тэгу́, в Ю́жной Коре́е.*

---

* вме́сте – 함께, хоро́ший – 좋은, ую́тный – 안락한

II. – *Кто ваш оте́ц? – Он инжене́р.*

– *А ма́ма? – Она́ дома́шняя хозя́йка.*

– *У вас есть брат? – Нет.*

– *А сестра́? – У меня́ есть ста́ршая сестра́.*

– *Кто она́? – Она́ студе́нтка университе́та.*

– *Вы понима́ете и говори́те по-ру́сски?*

– *Да, я немно́го понима́ю и говорю́ по-ру́сски.*

III. – *Кто э́то? – Э́то Ми́ша – студе́нт МГУ. Он мой друг.*

– *Где живёт его́ семья́? – Его́ семья́ живёт в го́роде Воро́неже.*

– *Он говори́т по-коре́йски?*

[сс]

– *Нет. Ми́ша хорошо́ зна́ет францу́зский язы́к. Он говори́т по-францу́зски.*

– *Вы живёте вме́сте? – Да, вме́сте. У нас хоро́шая и ую́тная ко́мната.*

– *Спаси́бо, Сок У.*

Задания

❶ Напишите по 2 строки буквы:

Ц ц, Ш ш, Ж ж, И и, Х х.

❷ Напишите и выучите слова **урока 5**, **двусложные и трёхсложные** слова распределите по ритмическим группам. Прочитайте их.

❸ Напишите текст из **упражнения 19**, объясните написание **больших** букв.

❹ Следующие слова разделите на слоги. Объясните правила чтения подчёркнутых букв. Прочитайте их.

инженéр, останóвка, сосéдка, медсестрá, дéвять, ваш зáвтрак, падéж, ошúбка, экзáмен, машúна, втóрник, хорошó, объяснять, огурéц.

❺ Поставьте ударение в словах, словосочетаниях и предложениях. Распределите слова по ритмическим моделям.

машина, сахар, кореянка, страница, станция, карандаш, упражнение; ваша комната; наши друзья;

Я понимаю. Я знаю русский язык. Она говорит по-корейски.

❻ Напишите новые слова и запомните их.

УРО́К 6

Согла́сные [л], [л`] Бу́ква Л л (*эль*) *Л* *л*

При произнесении русского твёрдого согласного [л] весь язык отодвинут назад от нижних зубов, кончик языка касается верхних зубов. Язык напоминает форму ложки.

При произнесении мягкого согласного [л`] весь язык продвигается вперед, прижимаясь к нижним зубам. Передне-средняя часть спинки языка прижимается к верхним зубам, задняя часть спинки языка приподнята к мягкому нёбу и напряжена.

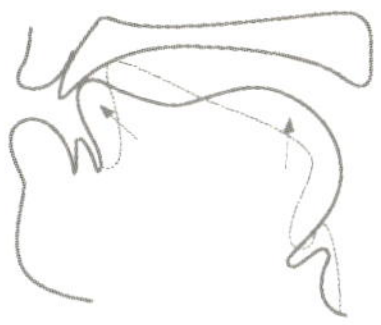

Рис. 19. Твёрдый согла́сный [л]

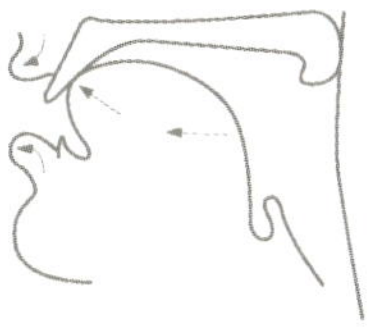

Рис. 20. Мягкий согла́сный [л`]

УРО́К 6

Согла́сные [л], [л'] Бу́ква Л л (эль) *Л л*

При произнесении русского твёрдого согласного [л] весь язык отодвинут назад от нижних зубов, кончик языка касается верхних зубов. Язык напоминает форму ложки.

При произнесении мягкого согласного [л'] весь язык продвигается вперед, прижимаясь к нижним зубам. Передне-средняя часть спинки языка прижимается к верхним зубам, задняя часть спинки языка приподнята к мягкому нёбу и напряжена.

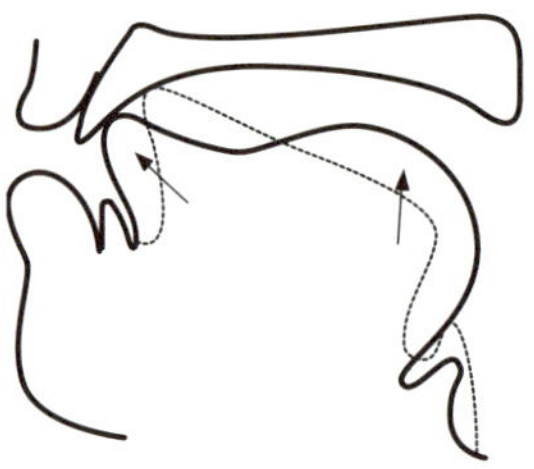

Рис. 19. Твёрдый согла́сный [л]

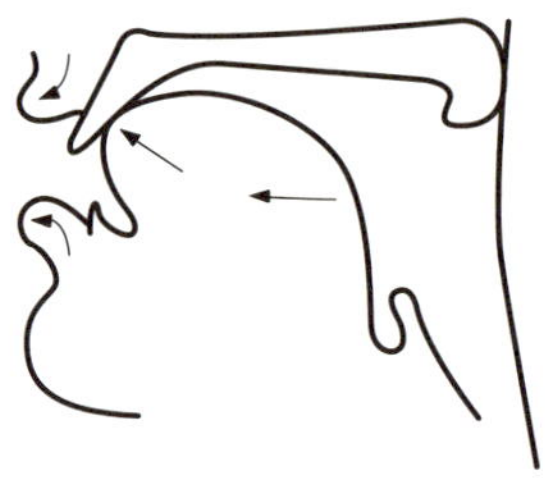

Рис. 20. Мягкий согла́сный [л']

경자음 [л]은 혀 전체를 뒤로 당긴 채 혀끝을 윗니에 대고 발음합니다. 이때 혀는 스푼과 같은 모양이 됩니다.

연자음 [л']은 혀 전체를 앞으로 밀어 혀끝이 아랫니에 닿도록 하고 혀의 앞부분과 중간부분을 윗니에 밀착시켜 발음합니다. 이때 혀의 뒷부분은 긴장된 상태로 연구개 쪽으로 올라가게 됩니다.

1. Слушайте, повторяйте, следите за артикуляцией твёрдого согласного [л].

❶ *а́лка – па́лка, олка – по́лка*, у́лка – бу́лка, ылка – буты́лка, о́лга – Во́лга, до́лго.*

❷ *тепло́, мело́, село́, была́, жила́; ма́ло, бы́ло, мы́ло, те́ло, де́ло.*

❸ *тыл, был, жил, зал, мал, бал, дал, знал, стул, стол, мел, цел, тел.*

❹ *лад, лак, лот, лоб, лук; слог, клуб, злак, блок, клок, благ.*

2. Слушайте, повторяйте. Обратите внимание на произношение [л']. Следите за правильной артикуляцией [л'].

❶ *и́ли – иль, миль, стиль; е́ли – ель, цель, трель, апре́ль; а́ли – аль, даль, жаль, февра́ль; о́ли – оль, боль, соль, фасоль; у́ли – уль, руль, нуль, ию́ль; ы́ли – ыль, пыль, быль.*

❷ *ле – лес, лё – лён, ли – лист, лю – люк, ля – ляг; льё – льёт; лью – льют.*

❸ *ле́то, Ле́на, ли́па, Ли́да, Лёня, Ли́ля, лю́ди, Лю́ба, лю́бит, лю́бим.*

3. Слушайте и повторяйте слоги и слова. Читайте, различайте согласные [л]-[л'].

❶ *ла – ля, лак – ляг; ло – лё, слог – слёг; лу – лю, лук – люк; лы – ли, лык – лик.*

❷ *был – быль, дал – даль, стол – столь, цел – цель, жал – жаль, ел – ель.*

* по́лка – 선반, 책꽂이, буты́лка – 병, Во́лга – 볼가 강, мы́ло – 비누, зал – 홀, 강당, стул – 의자, стол – 책상, мел – 분필, лук – 양파, 활, слог – 음절, клуб – 클럽, апре́ль – 4월, февра́ль – 2월, соль – 소금, нуль – 영, 제로, ию́ль – 7월 лес – 숲, ле́то – 여름, лю́ди – 사람들

4. Слушайте, повторяйте слоги и слова. Читайте, различайте согласные [р] и [л].

❶ *ла – ра, Ла́ра; ло – ро, Ло́ра; ли – ри, ли́рик; мел – мер, мил – мир, лис – рис, пол** – пор, дал – дар, лук – рук, крик – клик, клан – кран.*

❷ *роль, руль, паро́ль; дрель, трель, апре́ль; февра́ль, ле́кция, револю́ция; культу́ра, литерату́ра; Респу́блика Коре́я, столи́ца Сеу́л.*

5. Слушайте слоги и слова, повторяйте, читайте, не допускайте вставки гласного в сочетания согласных. Различайте глухие и звонкие согласные в начале слов.

❶ *пло – бло, фла – вла, слы – злы, клу – глу, тли – дли, сло – зло, фклу – вглу.*

❷ *клу – клуб, кли – клип, гла – глаз, хле – хлеб, пло – плох, сле – след, сло – слог; спра́ва, сле́ва; кли́мат, глаго́л, сло́во, слова́рь, длина́.*

❸ *но́вый глаго́л, бе́лый хлеб, сле́ва стол, спра́ва стул, пря́мо доска́.*

❹ *ру́сская посло́вица: «Хлеб – всему́ голова́***»* [хл’еп – фс’иму́ – гълава́].

Глухие мягкие согла́сные [ш’], [ч’] Бу́квы

Щ	щ	*(ща)*	*Щ*	*щ*
Ч	ч	*(ча)*	*Ч*	*ч*

Оба русских согласных [ш’], [ч’] мягкие, т.е. имеют «окраску» на [и].

При произнесении русского мягкого согласного [ш’] передняя часть языка приближается к альвеолам, средняя часть языка поднята, губы, образуя щель, через которую проходит воздух, немного растянуты и выдвинуты вперёд.

Звук [ч’] имеет сложную артикуляцию: смычку [т’], плавно переходящую в щелевой краткий элемент [ш’].

---

* пол – 바닥, 성(性), паро́ль – 암호, 패스워드, ле́кция – 강의, культу́ра – 문화, литерату́ра – 문학, Респу́блика Коре́я – 대한민국, столи́ца Сеу́л – 수도 서울, глаз – 눈, хлеб – 빵, слова́рь – 사전, бе́лый – 흰, чёрный – 검은, пря́мо – 똑바로, посло́вица – 속담,

** *Хлеб – всему́ голова́.* – 목구멍이 포도청.

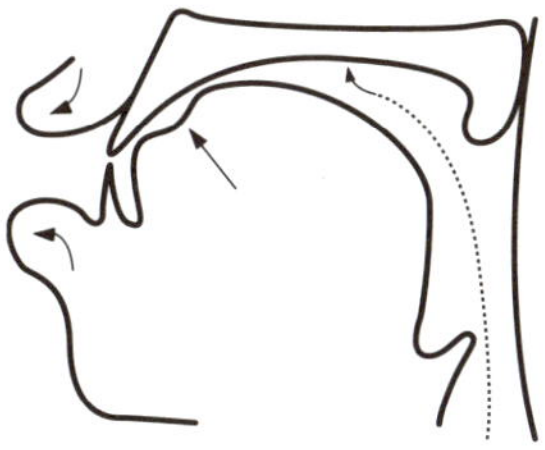

Рис. 21. Согла́сный [ш’]

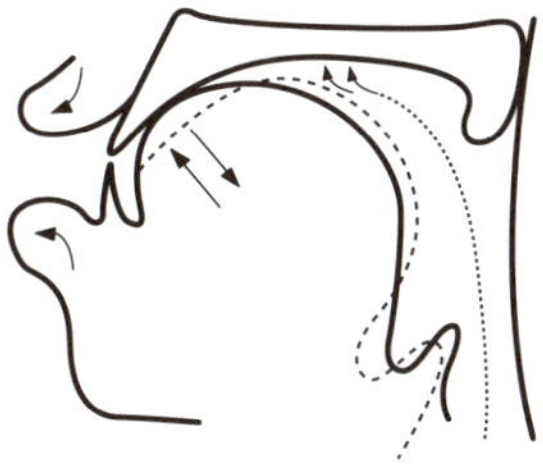

Рис. 22. Согла́сный [ч’] [т’ш’]

러시아어 자음 [ш’], [ч’]는 연자음입니다. 즉, 모음 [и] 음가가 섞이게 됩니다.

연자음 [ш’]는 혀 앞부분을 윗니 뒤 잇몸 가까이 대고 혀 중간부분은 들어 올린 채 입술을 약간 양쪽으로 당기면서 앞으로 내밀어 발음합니다.

자음 [ч’]의 발음 구조는 다소 복잡한데, [т’]의 조음 위치에서 짧은 [ш’] 발음으로 부드럽게 넘어가는 식으로 발음합니다.

6. Слушайте, повторяйте, читайте. Следите за артикуляцией глухих мягких согласных [ш’] и [ч’].

❶ *ищи́ – щи – ищ, свищ; ище́ – ще – ещ, лещ; ищё – ще – ощ, борщ, хвощ; плащ*, о́вощи, това́рищ, общежи́тие* [ап-щи-жы́-тьэ].

❷ *ичи́ – чи – ич, бич, клич; ича́ – ча – ач, грач, врач; ичё – чё – оч, ночь, дочь; ичу́ – чу – уч, луч, ключ.*

* плащ – 레인코트, о́вощи – 채소, това́рищ – 동료, общежи́тие – 기숙사, врач – 의사, ночь – 밤, дочь – 딸, ключ – 열쇠

Пра́вило 12

На месте букв а и у после ч и ш читаем буквы я и ю.

пи́шем: ча ща → [я]; чу щу → [ю]

чита́ем: [я] [ю]

Буквосочетания сч, зч, жч передают долгий мягкий звук [ш’]:

Сч*ита́ть* [ш’ита́т’]; *гру́зчик* [гру́ш’ьк]; *мужчи́на** [муш’и́на].

В словах ***что***, ***что́****бы*, *потому́* ***что***, *коне́****чно*** на месте буквы ч произносится звук [ш]:

[што], [што́бы], [пътаму́штъ], [кон’е́шна]

자음 문자 ч와 ш 뒤의 모음 문자 а와 у는 각각 [я]와 [ю]로 읽습니다.
자음 무리 сч, зч, жч는 연자음 [ш’]를 길게 발음합니다.
что, ***что́****бы*, *потому́* ***что***, *коне́****чно*** 등에서 ч는 [ш]로 발음됩니다.

7. Слушайте, повторяйте, читайте. Различайте согласные [т’]-[ч], [ш]-[ш’].

❶ *а́чка – па́чка; о́чка – то́чка; у́чка – ру́чка; и́чки – спи́чки; зате́м – заче́м; утю́г – учу́; мять – мяч; петь – печь; ве́тер – ве́чер; учи́ть, чита́ть, отвеча́ть.*

❷ *ша – ща, ча́ша – ча́ща; шу – щу, прошу́ – прощу́; ши – щи, заши́та – защи́та.*

* мужчи́на – 남자, потому́ что – 왜냐하면, коне́чно – 물론, то́чка – 점, 마침표, ру́чка – 펜, 손잡이, ве́чер – 저녁, учи́ть – 배우다, 가르치다, чита́ть – 읽다, отвеча́ть – 대답하다

3 / 1

❸ *ру́сские посло́вицы: щи и ка́ша – пи́ща на́ша*.*

3 / 1 / 3 / 1/

Уче́нье – свет, а неуче́нье – тьма́.

Пра́вило 13

На месте гласных [а], [е] после букв ч, щ в предударных слогах в позиции 2 произносится короткий звук [и], в первом предударном слоге в позиции 1 – очень короткий [и] (в транскрипции [ь]).

	[и]	[и]	[ь]
Например:	**ча**сы́;	**че**ты́ре;	пло́**ща**дь.
	[ч'исы́]	[ч'иты́р'и]	[пло́ш'ьт']

자음 철자 ч, щ 뒤의 모음 [а], [е]는 리듬 그룹 2(강세 앞 음절)의 위치에서 짧은 [и]로 발음되며, 리듬 그룹 1(강세 뒤 음절)의 위치에서는 그보다 더 짧은 [и] (발음 기호 [ь])로 발음됩니다.

8. Слушайте, повторяйте, читайте слова. Следите за ритмикой в группах слов и редукцией подчеркнутых гласных.

❶ ___↙ (3) *чай, час, чей, чья, чьё, чьи; мяч, врач, ключ, дочь, вещь, плащ.*

❷ ↙ _ (3 : 2) *по́чта, то́чно, ча́сто, ве́чер, пло́щадь, ма́льчик, шко́льник.*

❸ _ ↙ (2 : 3) *число́, часы́, вчера́, четве́рг, сейча́с, чита́ть, счита́ть, мечта́ть.*

❹ _ ↙ _ (2 : 3 : 2) *обы́чно, отли́чно, четы́ре, коне́чно.*

* Щи и ка́ша – пи́ща на́ша. – 쉬(양배추 수프)와 카샤(죽)은 우리의 양식.
Уче́нье – свет, а неуче́нье – тьма – 배움은 광명, 무지는 암흑.
часы́ - 시계, черы́ре - 4, пло́щадь - 광장, изуча́ть – 연구하다, 공부하다, чай – 차, час – 시(時), чей – 누구의(남성형), вещь – 물건, по́чта – 우체국, ве́чер – 저녁, ма́льчик – 남자아이, чи́сло – 숫자, вчера́ – 어제, сейча́с – 지금, чита́ть – 읽다, обы́чно – 보통, 대개

❺ _ ↙ _ (2 : 3 : 1) *учéбник**, *товáрищ.*

❻ *Русская пословица: На вкус и цвет товáрища нет.*

9. Слушайте, повторяйте. Выучите спряжение глаголов читáть, отвечáть, изучáть. Произносите предложения с интонацией ИК-1.

читáть

Я читáю.	*Мы читáем.*
Ты читáешь.	*Вы читáете.*
Он (онá) читáет.	*Они читáют.*

Хван читает текст (журнал, письмо, правило, стихи).

отвечáть

Я отвечáю.	*Мы отвечáем.*
Ты отвечáешь.	*Вы отвечáете.*
Он (онá) отвечáет.	*Онú отвечáют.*

Сура отвечает урок. Она отвечает хорошо (правильно…) по-русски.

изучáть

Я изучáю.	*Мы изучáем.*
Ты изучáешь.	*Вы изучáете.*
Он (онá) изучáет.	*Онú изучáют.*

Ким изучает русский язык (корейский язык, английский язык).

Грамматика

Прошедшее время глаголов образуется от основы инфинитива при помощи суффиксов -л, - ла, -ло, -ли.

* учéбник – 교재, На вкус и цвет товáрища нет. – 각인각색

Единственное число

Мужской род	чита́+**л**	*Он чита́л журна́л.*
Женский род	чита́+**ла**	*Она́ чита́**ла** письмо́.*
Средний род	бы+**ло**	*Вчера́ бы**ло** хо́лодно.*

Мно́жественное число

	чита́+**ли**	*Они́ чита́**ли** газе́ты.*

동사 과거시제형은 미정형 어간에 접미사 -л, - ла, -ло, -ли를 첨가하여 형성합니다.

10. От следующих инфинитивов глаголов образуйте прошедшее время. Напишите. Прочитайте.

Модель: *зна**ть**. Кто знал? Он знал. Она́ зна́ла. Они́ зна́ли.*
писа́ть, де́лать, слу́шать, понима́ть, отвеча́ть, рабо́тать, отдыха́ть, говори́ть, люби́ть, жить, быть.

11. Читайте формы глаголов прошедшего времени. Следите за произношением согласных [л]-[л’].

❶ *был – была́ – бы́ли.*
жил – жила́ – жи́ли.
дал – дала́ – да́ли.
пил – пила́ – пи́ли.

❷ *знал – зна́ла – зна́ли.*
чита́л – чита́ла – чита́ли.
люби́л – люби́ла – люби́ли.
отвеча́л – отвеча́ла – отвеча́ли.

12. Слушайте, повторяйте ритмические группы слов. Произносите правильно мягкий согласный [л’].

❶ ↙	❷ ↙	❸ ↙	❹ ↙	❺ ↙ ;
лес	*и́ли**	*биле́т*	*пра́вильно*	*фами́лия*
лёд	*лю́ди*	*бале́т*	*ме́дленно*	*роди́тели*
лист	*сле́ва*	*лимо́н*	*ле́кция*	*непра́вильно*
плюс	*ле́то*	*лежи́т*	*слу́шали*	*внима́тельно*
соль	*ско́лько*	*ию́ль*	*не́сколько*	*строи́тели*
		люби́л		

13. Слушайте, повторяйте, читайте группы слов с конечными глухими взрывными согласными.

❶ [-т] *плод, труд, вход, след, град.*

❷ [-п] *хлеб, клуб, гриб, ромб, нимб.*

❸ [-к] *снег, слог, друг, враг, флаг.*

❹ [-ф] *прав.*

14. Выучите числительные от 0 до 10. Обратите внимание на произношение безударных гласных.

0 – ноль, 1 – о[а]ди́н, 2 – два, 3 – три, 4 – че[и]ты́ре[й], 5 – пять,

6 – ше[э]сть, 7 – семь, 8 – во́се[и]мь, 9 – де́вя[й]ть, 10 – де́ся[й]ть.

---

* и́ли – 또는, биле́т – 표, пра́вильно – 옳다, непра́вильно – 옳지 않다, фами́лия – 성(姓), ме́дленно – 천천히, роди́тели – 부모, внима́тельно – 주의 깊게, ско́лько – 얼마나

15. Слушайте, повторяйте, читайте слова и фразы. Произносите правильно группы согласных. Произносите правильно подчеркнутые группы согласных.

❶ *класс, клуб, план, глаз, фильм, клей, рубль.*

❷ *сле́ва*, спра́ва, пря́мо, бы́стро, гро́мко, шко́ла.*

❸ *по́чта, то́чка, до́чка, ру́чка.*

❹ *Вот наш класс[1]. Пря́мо доска́[1]. Сле́ва окно́ и шкаф[1]. Спра́ва дверь[1].*

Э́то наш преподава́тель[1]. Он говори́т по-ру́сски ме́дленно[1].

Мы внима́тельно слу́шаем упражне́ние[3] и гро́мко повторя́ем[1].

16. Составьте предложения по модели и прочитайте их с правильной интонацией (ИК-1 или ИК-3).

Модель: *Э́то стол[3] и стул? – Да[1], / э́то стол и стул[1].*

Э́то стол[3] / и́ли стул[1]? – Э́то стол[1] (Э́то стул[1].)

❶ *Журна́л и кни́га. Хлеб и ма́сло. Клуб и шко́ла.* [ы]
Соль и са́хар. Ви́лка и ло́жка. Тетра́дь и слова́рь.

❷ *Стол или стул? Журна́л или кни́га? Хлеб или ма́сло? Клуб или шко́ла?*
Соль или са́хар? Ви́лка или ло́жка? Тетра́дь или слова́рь?

---

* сле́ва – 왼쪽에, спра́ва – 오른쪽에, шко́ла – 학교, шкаф – 장(농), преподава́тель – 강사, гро́мко – 큰 소리로

Грамматика

Вопрос к одушевлённым именам существительным – ***Кто?***
к неодушевлённым – ***Что?*** [што]

생물의 이름을 물을 때는 의문사 ***Кто?***를, 무생물의 이름을 물을 때는 의문사 ***Что?*** [што]를 사용합니다.

17. Прочитайте слова с правильной ритмикой. Поставьте к каждому из них вопрос по модели.

Модель: 1. ***Что*** *э́то? – Э́то ру́чка.* 2. ***Кто*** *э́то? – Э́то студе́нт.*

Анто́н, брат, друг, учё́бник, заво́д, инжене́р, каранда́ш, врач, журна́л, учи́тель, клуб, шко́ла, оте́ц, шко́льник, вокза́л, де́вушка, пальто́, университе́т, журнали́ст, семья, Мари́я.

18. Слушайте предложения, повторите их. Определите в них центры ИК-2 и ИК-1. Прочитайте.

❶ *Чей учё́бник лежи́т здесь? – Мой.*
Здесь лежи́т мой учё́бник.

❷ *Чья ру́чка лежи́т здесь? – Моя́.*
Здесь лежи́т моя́ ру́чка.

❸ *Чьё письмо́ лежи́т здесь? – Моё.*
Здесь лежи́т моё письмо́.

❹ *Чьи тетра́ди лежа́т здесь? – Мои́.*
Здесь лежа́т мои́ тетра́ди.

19. Слушайте и повторяйте предложения текста. Читайте, следите за слитным произношением слов в синтагмах и интонацией.

Сейча́с уро́к[1]. Мы изуча́ем ру́сский язы́к[1]. На уро́ке[3/4] / мы чита́ем[3], / пи́шем[3], / отвеча́ем на вопро́сы[1]. Сейча́с[3] / преподава́тель спра́шивает[3], / а мой друг Че Сок отвеча́ет[1].

– Что[2] э́то? – Э́то ру́чка[1].

– А э́то[1]? – Э́то каранда́ш[1].

– Чья[2] э́то ру́чка? – Э́то моя́[1] ру́чка.

– Чей[2] э́то каранда́ш? – Э́то[1] ваш каранда́ш.

– Скажи́те[2], Че Сок, / кто[2] сиди́т спра́ва? – Спра́ва[3] / сиди́т мой друг[1].

– Что вы де́лаете на уро́ке[2]? – На уро́ке[3/4] / мы изуча́ем ру́сский язы́к[1].

Задания

❶ Напишите по 2 строки буквы:

Л л, П п, М м, Ч ч, Ш ш, Щ щ, И и, Ц ц.

❷ Выпишите **2-х** и **3-х сложные слова** урока **6** и распределите их **по ритмическим группам**, читайте.

❸ Разделите слова на слоги, прочитайте ударные слоги, объясните произношение выделенных безударных гласных. Читайте слова, следите за редукцией подчеркнутых безударных гласных.

ско́лько, я́блоко, телефо́н, телеви́зор, де́сять, пря́мой, почему́, строи́тель, ве́чер, обы́чно, часы́, общежи́тие, о́чень, по-япо́нски.

❹ Поставьте в следующих слова **ударение**, прочитайте их.

Учебник, скажите, слово, словарь, закройте, правда, задание, делаю, читаю, слушаем, говорят, повторяют, пиши, думай.

❺ Перепишите диалоги. Определите синтагмы и центры ИК в них, укажите **номер ИК**. Прочитайте. Объясните написание **прописных букв**.

I. – *Кто э́то? – Э́то мой друг.*
– *Как его́ зову́т? – Его́ зову́т Са́ша.*
– *Он студе́нт из Коре́и? – Нет, Са́ша из Росси́и.*
– *Что он изуча́ет здесь? – Коре́йский язы́к.*

II. – *Вы говори́те по-ру́сски? – Да, немно́го.*
– *А ва́ша сестра́? – Она́ говори́т по-япо́нски.*
– *Что вы де́лаете на уро́ке? – Обы́чно мы слу́шаем и повторя́ем те́ксты, чита́ем по-ру́сски. Иногда́ пи́шем дикта́нты.*

УРО́К 7

Пра́вило 14

Сочетания букв тс, тьс, дц, тц читаются как звук [ц].

Например: *учи́ться*[*]: *он у́чится, отца́, два́дцать.*

자음 무리 тс, тьс, дц, тц는 [ц]로 발음합니다.

УРО́К 7

Пра́вило 14

Сочетания букв тс, тьс, дц, тц читаются как звук [ц].

Например: *учи́ться**; *он у́чится, отца́, два́дцать.*

자음 무리 тс, тьс, дц, тц는 [ц]로 발음합니다.

1. Читайте числительные от 11 до 40. Заударный слог -дцать произносите как [-цът’]. Не забывайте о редукции безударных [’е,’а].** Выучите эти числительные.

11 – [а] оди́н*надцать*, 12 – [и] две*на́дцать*, 13 – три*на́дцать*;

14 – [и] четы́р*надцать*, 15 – [й] пят*на́дцать*, 16 – [ы] шест*на́дцать* [шыс-];

17 – [и] сем*на́дцать*, 18 – [а][и] восем*на́дцать*, 19 – [и][й] девят*на́дцать*;

20 – два́*дцать*, 21 – два́*дцать* оди́н, …два, три, четы́ре, пять, шесть, семь, во́семь, де́вять;

30 – три́*дцать*, 31 – три́*дцать* оди́н …де́вять, 40 – со́рок.

* учи́ться – 배우다, 공부하다, он (она́) у́чится – 그(녀)는 학교에 다닌다.

** 강세 뒤 음절 –дцать는 [-цът’]로 발음됩니다. 비강세 모음 [’е], [’а] 약화에 주의하세요.

2. Слушайте слоги и слова, различайте согласные [т'- ч'- ц].

❶ *тя – ча – ца; те – че – це; чи – цы – ти; чё – цо – тё; ать – ач – ац; уть – путь, уч – туч, уц – куц; ать – дать, ач – врач, ец – оте́ц.*

❷ *атя́ – адя́ – ача́ – аца́; хотя́ – ходя́ – врача́ – отца́*; хо́дит – у́чит – це́нит.*

❸ *тех – цех – чех; чем – цен – тем; чиню́ – ценю́ – тяну́; чита́ть – цита́т; у́лица, части́ца, гости́ница, у́чится.*

3. Читайте названия дней недели, следите за ритмикой слов и произношением безударных гласных. Выучите названия дней недели.

Неде́ля: 1 – понеде́льник, 2 – вто́рник, 3 – среда́, 4 – четве́рг,
5 – пя́тница, 6 – суббо́та, 7 – воскресе́нье.

❶ *Сего́дня понеде́льник[4] и́ли[/] вто́рник?[1] – Понеде́льник[1].*

❷ *Вчера́ бы́ло воскресе́нье[1]. Да, воскресе́нье[3].*

❸ *Воскресенье выходно́й день[1]. Мы отдыха́ли[1].*

Выучите наизусть.

Зага́дка: *Что бы́ло вчера́[3] и[/] бу́дет за́втра?[1] (День)*

---

* оте́ц – 아버지, у́лица – 거리, гости́ница – 호텔, понедельник - 월요일, вторник - 화요일, среда - 수요일, чертверг - 목요일, пятница - 금요일, суббота - 토요일, воскресенье - 일요일, выходно́й день – 휴일, отдыха́ть – 쉬다, зага́дка – 수수께끼, Что бы́ло вчера́ и бу́дет за́втра? – 어제 있던 것이 내일도 있는 것은?

4. Слушайте и повторяйте данные словосочетания. А затем задайте вопросы о возрасте и дайте ответы на них.

1		2, 3, 4		5, 6 … 11 …	
21 (*оди́н*) 31 (*оди́н*)	*год*	22 (*два*) 43 (*три*) 34 (*четы́ре*)	*го́да*	20 35 (*пять*) 46 (*шесть*) …	*лет*

Так можно спросить о возрасте:

Модель: *Ско́лько вам (тебе́, ему́, ей) лет? – Мне (ему́, ей) 20 лет*.*

Прочитайте диалоги.

– *Сок У, ско́лько вам лет? – Мне 22 го́да. – А Ю Ни? – Ей 21 год.*

– *Серге́й, у тебя́ есть брат? – Да, есть. – А ско́лько ему́ лет? – Ему́ 15 лет.*

5. Слушайте и читайте ритмические группы слов. Правильно произносите сочетания подчеркнутых согласных.

❶ ___↙ (3) *план, флаг, клуб, знал, брал, друг, брат, три.*

❷ ___↙ _ (3 : 2, 3 : 1) *пра́вда, за́втра, тру́дно, бы́стро, ко́нчил, сме́ло.*

❸ _ ___↙ (2 : 3) *пальто́, звоно́к, страна́, письмо́, число́.*

❹ _ _ ___↙ (1 : 2 : 3) *алфави́т, повтори́т, позвони́т, инжене́р, выходно́й.*

❺ *Посло́вица: Ко́нчил де́ло – гуля́й сме́ло.*

---

* Ско́лько вам лет? – 당신은 몇 살입니까? Мне 20 лет. – 나는 20살입니다.
У тебя́ есть брат? – 너에게는 형제가 있니? алфави́т – 알파벳
Ко́нчил де́ло – гуля́й сме́ло. – 일할 땐 일하고, 쉴 땐 쉬어라.

6. Слушайте, читайте диалоги с правильной интонацией. Правильно произносите интонационные конструкции. Обратите внимание на сочетания согласных.

3 / 2 1 / 1

❶ – *Вы не зна́ете, отку́да* прие́хал э́тот студе́нт? – Коне́чно, зна́ю, из Коре́и.*

4 1 / 1

– *А ваш преподава́тель? – Он прие́хал из Росси́и, из Москвы́.*

2 / 2 1 1

❷ – *Скажи́те, где ра́ньше жила́ э́та де́вушка?– Не зна́ю. Мо́жет быть, в Сеу́ле.*

4 3 / 1

– *А ваш профе́ссор? – Ра́ньше он жил в Москве́.*

Грамматика

После глаголов *жить, учиться, работать* употребляется вопрос ***где?***

동사 *жить, учиться, работать* 뒤에는 '장소'를 표시하는 구문이 이어집니다

7. Слушайте, повторяйте, читайте слова с предлогом «в». Предлог «в» со следующим словом произносится слитно. Обратите внимание, что перед глухими согласными следующего слова звонкий согласный [в] произносится как [ф].**

* отку́да? – 어디에서? прие́хал (а) из – 그(녀)는 ~에서 왔다. ра́ньше – 이전에

** 전치사 в는 그 다음 단어와 이어서 발음합니다. 전치사 в는 유성음이지만 이어지는 단어의 첫 번째 자음이 무성음인 경우에는 [ф]로 발음된다는 점에 주의하세요.

Где?

жить [фс'и] – *в Сеу́ле,* [фпу] – *в Пуса́не,*

[фк'и] – *в Кита́е.*

учиться [вма] – *в Москве́,* [фп'и] – *в Петербу́рге,*

[вра] – *в Росси́и,* [вго́] – *в го́роде.*

работать [вд'и] – *в дере́вне,* [ва] – *в общежи́тии,* [ву] – *в университе́те.*

[фт'и] – *в теа́тре,* [фшко́] – *в шко́ле.*

Грамматика

После глаголов движения *идти, ехать* употребляется вопрос ***куда?***

Идти (*куда́?*) в университе́т, в шко́лу, в парк, в клуб, в теа́тр, в цирк.

Я иду́, ты идёшь, он (она́, кто?) идёт, мы идём, вы идёте, они́ иду́т.

– *Куда́ вы идёте?* – *Я иду́ в университе́т.*

– *А ваш брат?* – *Он идёт в парк.*

이동동사 идти, ехать 뒤에는 방향을 의미하는 구문이 이어집니다.

8. Слушайте, повторяйте и выучите спряжения глаголов движения «идти» и «ехать». Обратите внимание на ударение.

идти́		*е́хать*	
Я иду́	*Мы идём*	*Я е́ду*	*Мы е́дем*
Ты идёшь	*Вы идёте*	*Ты е́дешь*	*Вы е́дете*
Он (она́) идёт	*Они́ иду́т*	*Он (она́) е́дет*	*Они́ е́дут*

9. Слушайте и повторяйте слова с предлогом «в». Помните, что предлог «в» перед глухими согласными произносится как глухой согласный [ф].

идти́ *куда́?* → *в Сеу́л, в Пуса́н, в Кита́й, в Петербу́рг,*

е́хать *куда́?* → *в Росси́ю, в Москву́, в го́род, в дере́вню, в общежи́тие, в университе́т.*

Я е́ду, ты е́дешь, он (она́, кто?) е́дет, мы е́дем, вы е́дете, они́ е́дут.

10. Повторяйте и читайте диалоги, следите за слитностью чтения в синтагме и интонацией.

❶ – *Сок У (2 / 2), где живу́т ва́ши роди́тели?* – *Они́ живу́т в дере́вне (1).*

– *А ва́ша ста́ршая сестра́ (4)?* – *Она́ живёт в Пуса́не (1).*

– *Господи́н* Ким (2 /), ва́ша семья живёт в Москве́ (3)?*

– *Не́т (1), к сожале́нию. Она́ живёт в Коре́е (1 /). В Москве́ я живу́ оди́н (1).*

* господи́н – 영어의 미스터와 같은 남자에 대한 경칭, к сожале́нию – 안타깝게도

❷ – *Ю На, вы у́читесь в Москве́? – Да, в РУДН** [ру – дэ – э́н].

– *У вас есть подру́га? – Да, есть, о́чень бли́зкая. Её зову́т Ким Су Ни.*

– *Она́ студе́нтка? – Нет, она́ врач.*

– *А где она́ рабо́тает? – В поликли́нике.*

❸ – *Куда́ вы идёте? – Я иду́ в кафе́, хочу́ пообе́дать.*

– *Куда́ сейча́с е́дет э́та де́вушка? – Сейча́с она́ е́дет в университе́т.*

11. Слушайте, повторяйте и выучите спряжение глаголов «хотеть» и «быть». Обратите внимание на ударение.

хоте́ть		*быть*	
Я хочу́	*Мы хоти́м*	*Я бу́ду*	*Мы бу́дем*
Ты хо́чешь	*Вы хоти́те*	*Ты бу́дешь*	*Вы бу́дете*
Он (она́) хо́чет	*Они́ хотя́т*	*Он (она́) бу́дет*	*Они́ бу́дут*

– *Я хочу быть инженером. А ты?*
– *А я буду врачом.*

12. Слушайте и повторяйте слоги, слова и предложения. Читайте их. Обратите внимание на произношение звуков на месте букв [я], [е], [ё], [ю].

❶ *тя – тья – статья́; мя – мья – семья́; зя – зья – друзья́; лё – льё – бельё.*

---

* РУДН – 러시아 민족우호대학교, бли́зкий – 가까운, поликли́ника – 병원, обе́дать – 점심식사하다, хоте́ть – 원하다, 하고 싶다, быть – ~이다, ~에 있다, быть инжене́ром – 엔지니어이다, быть врачо́м – 의사이다

❷ *У меня́ есть ста́ршая сестра́. Её семья́ живёт в Янъя́не. У неё небольша́я семья́: она́, её муж и дво́е дете́й* – сын и дочь.*

❸ *Мои́ ру́сские друзья́ Ю́ра и Я́на учатся в университете «Ёнсей». Они́ изуча́ют корейский язы́к и корейскую исто́рию.*

13. Слушайте, повторяйте, читайте глаголы в форме императива, которые произносятся с ИК-2.

❶ *Дай! (ты) – Да́йте!(Вы, вы). Знай – зна́йте! Чита́й – чита́йте! Повторя́й – повторя́йте! Слу́шай – слу́шайте! Откро́й – откро́йте!*

❷ *Пиши́ – пиши́те! Скажи́ – скажи́те! Покажи́ – покажи́те! Иди́ – иди́те!*

❸ *Да́йте, пожа́луйста [пъ–жа́–лу–сть], тетра́дь! Возьми́те, пожа́луйста! Чита́йте текст! Повторя́йте упражне́ние 10! Откро́йте учёбник! Слу́шайте зада́ние! Покажи́те, пожа́луйста, журна́л! Вот, пожа́луйста.*

14. Слушайте и читайте наречия. Обратите особое внимание на редукцию заударных гласных.

❶ *Как? Бы́стро ↔ ме́дленно. Гро́мко ↔ ти́хо. Хорошо́ ↔ пло́хо. Пра́вильно ↔ непра́вильно. Внима́тельно ↔ невнима́тельно.*

* дво́е дете́й – 아이 두명, исто́рия – 역사, Да́й(-те) – 주어라(주세요), Повторя́й – 반복해라, Слу́шай! – 들어라!, Пиши́! – 써라! Покажи́! – 보여주어라!

❷ *Как*[2] *пи́шет Ми На? – Она́ пи́шет ме́дленно и пра́вильно*[1]*.*

Сок У говори́т гро́мко[3] */ и́ли ти́хо*[1]*? – Он говори́т ти́хо*[1]*.*

Студе́нты чита́ют внима́тельно[3] */ и́ли невнима́тельно*[1]*?*

– Они́ чита́ют[1] *внима́тельно.*

15. Прослушайте слова, разделите их на слоги. Поставьте ударение в словах.

Пожалуйста, лаборатория, магнитофон, компьютер, отвечать, повторять, объяснять, слушайте, идите, очень, рубль, учебник, строитель, исторический, факультет, университет, русский, язык.*

16. Слушайте текст. Повторите его за преподавателем. Читайте. Обратите внимание на слитность слов в синтагмах и интонацию.

Уро́к фоне́тики

Вот на́ша[1] *гру́ппа. / В ней де́сять студе́нтов*[1]*. Мы изуча́ем ру́сский язы́к*[1]*.*

Сейча́с[3] */ уро́к фоне́тики*[1]*. Преподава́тель уже́ в кла́ссе*[1]*.*

Его́ зову́т Анто́н Петро́вич[1]*. Он говори́т*[1] */:*

– Здра́вствуйте[2]*!*

Мы отвеча́ем[1]*:*

---

* магнитофо́н – 녹음기, компью́тер [ъ] – 컴퓨터, строи́тель – 건축가, 건축기사, истори́ческий – 역사의, 역사적인, факульте́т – 학부, фоне́тика [э] – 음성학

2
– До́брое у́тро, Анто́н Петро́вич!

2 2 / 1
– Откро́йте тетра́ди! Пиши́те дикта́нт! – говори́т он.

¾ / 1
Дикта́нт тру́дный, мы пи́шем ме́дленно.

3 / 1
Пото́м мы повторя́ем упражне́ние.

3 / 1 1
Снача́ла чита́ет мой друг Бом Вон. Он чита́ет бы́стро.

2 2 / 1
– О́чень хорошо́, Бом Вон! Молоде́ц! – говори́т Анто́н Петро́вич!*

3 / 1
Пото́м чита́ю я.

1 / 2 2 2
– Нет, Сок У, непра́вильно. Оши́бка! Повтори́те ещё раз!

1
Я повторя́ю упражне́ние пра́вильно.

2 / 2
– Скажи́те, Сок У, как по-коре́йски «оши́бка»?

– «Чаль-мот».

3 / 1
– Вам поня́тно? – спра́шивает преподава́тель.

1/ 1 / 1
– Да, коне́чно, – отвеча́ю я.

---

* Молоде́ц! – 잘했다! 훌륭하다! оши́бка – 실수, ещё раз – 다시 한 번,
Как по-коре́йски…? – ...은/는 한국어로 어떻게 되죠?, поня́тно – 이해가 된다

17. Выучите текст. Расскажите о себе по данной модели.

Меня́ зову́т Ким Сок У.[1] Я коре́ец.[1] Мне 19 лет.[1] Я изуча́ю ру́сский язы́к.[1] Сейча́с[3 /] моя́ семья́ живёт в Сеу́ле.[1] У меня́ небольша́я семья́:[1/] оте́ц,[4 /] мать,[4] ста́ршая сестра́[3] и я. Оте́ц – инжене́р.[1] Ему́ 47 лет.[1] Ма́ма – домохозя́йка[1]. Ей 44 го́да.[1] Ста́ршая сестра́[3 /] – врач.[1] Ей 23 го́да.[1]*

Я бу́ду учи́ться в университе́те[3 /] на инжене́рном факульте́те,[¾ /] потому́ что я хочу́ стать[1] строи́телем. Сейча́с[3 /] я изуча́ю ру́сский язы́к.[3] Я хочу́ хорошо́[4 /] понима́ть, говори́ть,[4 /] чита́ть[3] и писа́ть по-ру́сски.[1] Я давно́ мечта́л учи́ться в Росси́и.[1]

Задания

❶ В русском алфавите **33 буквы**. Обратите внимание, что **звонкие парные согласные** находятся **в начале** алфавита, а **глухие – в его второй половине**. Выучите алфавит наизусть – и вы значительно ускорите свою работу со словарём.**

---

* домохозя́йка – 가정주부, ста́ршая сестра́ – 누나, 언니, бу́ду учи́ться – 배울 것이다
на инжене́рном факульте́те – 공학부에서, стать строи́телем – 건축가(기사)가 되다
мечта́л учи́ться – 공부하는(배우는) 것이 꿈 이었다

** 러시아어 알파벳은 33개의 문자로 구성되어 있습니다. 유성 자음은 알파벳 순서상 전반부에 있고 해당 무성 자음 쌍은 후반부에 있다는 점에 주목하세요. 그리고 러시아어 알파벳을 순서대로 외우면 노한사전에서 단어를 찾기가 수월해 집니다.

❷ Распределите слова урока 7 по ритмическим группам, прочитайте, выучите.

❸ Поставьте ударение в словах.

зима, просто, учит, пакет, учитель, мечтать, молодец, вечером, воскресенье, фестиваль, филологичечский, медицинский, компьютер.

❹ Напишите диалоги. Укажите **цифрой центр и номер ИК**. Прочитайте их.

– Э́то мой друг.

– Кто он? – Он студе́нт.

– Как его́ зову́т? – Ди́ма.

– Ско́лько ему́ лет? – Ему́ 21 год.

– Вы живёте вме́сте? – Да, вме́сте.

– Отку́да он прие́хал? – Из Белару́си.

– А вы? – Я прие́хал из Коре́и.

– Что э́то? – Э́то кни́га.

– Чья э́то кни́га? – Э́то моя́ кни́га.

– А э́то журна́л и́ли газе́та? – Э́то газе́та.

– Э́то ва́ша газе́та? – Нет, э́то его́ газе́та.

– Чья э́то газе́та? – Моя́.

– Где вы её купи́ли? – В кио́ске.

– А там мо́жно купи́ть журна́л «Спорт»? – Да, коне́чно.

Ру́сский алфави́т

№№	Печа́тные бу́квы	Прописны́е бу́квы	Назва́ние бу́квы	Зву́ки	Приме́ры
1	А а	*А а*	а	а	*ма́ма, апте́ка*
2	Б б	*Б б*	бэ	б б’	*бу́ква, обе́д*
3	В в	*В в*	вэ	в в’	*вот, де́вять*
4	Г г	*Г г*	гэ	г г’	*год, кни́ги*
5	Д д	*Д д*	дэ	д д’	*дом, здесь*
6	Е е	*Е е*	йэ	’е йе	*семь, есть*
7	Ё ё	*Ё ё*	йо	’о йо	*идёт, моё*
8	Ж ж	*Ж ж*	жэ	ж	*жить, дру́жба*
9	З з	*З з*	зэ	з з’	*заво́д, газе́та*
10	И и	*И и*	и	и	*иди́, у́лица*
11	Й й	*Й й*	и *кра́ткое*	й	*май, ча́йка*
12	К к	*К к*	ка	к к’	*кто, кино́*
13	Л л	*Л л*	эль	л л’	*ло́жка, ско́лько*
14	М м	*М м*	эм	м м’	*Москва́, ме́сто*
15	Н н	*Н н*	эн	н н’	*магази́н, нет*
16	О о	*О о*	о	о	*он, вопро́с*
17	П п	*П п*	пэ	п п’	*па́па, пи́шет*
18	Р р	*Р р*	эр	р р’	*друг, рис*
19	С с	*С с*	эс	с с’	*сад, сестра́*
20	Т т	*Т т*	тэ	т т’	*то́чка, чита́ть*

№№	Печа́тные бу́квы	Прописны́е буквы	Назва́ние бу́квы	Зву́ки	Приме́ры
21	У у	*У у*	у	у	*у́тро, журна́л*
22	Ф ф	*Ф ф*	эф	ф ф’	*фра́за, фи́зика*
23	Х х	*Х х*	ха	х х’	*хорошо́, хи́мия*
24	Ц ц	*Ц ц*	це	ц	*столи́ца, цирк*
25	Ч ч	*Ч ч*	че	ч’	*час, четы́ре*
26	Ш ш	*Ш ш*	ша	ш	*ша́пка, шесть*
27	Щ щ	*Щ щ*	ща	щ:’	*щи, пло́щадь*
28	ъ	*ъ*	*твёрдый знак*	—	*объясня́ть*
29	ы	*ы*	Ы	ы	*мы, обы́чно*
30	ь	*ь*	*мягкий знак*	—	*мать, друзья́*
31	Э э	*Э э*	э	э	*э́то, эта́ж*
32	Ю ю	*Ю ю*	йу	’у йу	*сою́з, лю́ди*
33	Я я	*Я я*	йа	’а йа	*я, моя́, семья́*

СЛОВÁРЬ

А

а 그런데 (이접 접속사)
автóбус – 버스
агронóм – 농학자, 농업기사
Áнна 여자이름
Антóн 남자이름
алфавúт 알파벳
апрéль 4월
арбýз 수박
аспирáнт 대학원생

Б

бáбушка 할머니
батон 긴 빵
бéлый 흰
билéт 표
блúзкий 가까운
брат 남자 형제
бýква 문자
бумáга 종이
буты́лка 병
бы́стро 빨리
быть ~이다, ~에 있다,
бýду учúться 배울 것이다

В

вáза 꽃병
ваш 당신의, 여러분의
вéчер 저녁
вещь 물건
вúза 비자
визúтная (кáрточка) 명함
вмéсте 함께
внимáтельно 주의 깊게
водá 물
войтú 들어가다
Вóлга 볼가강
вон 저기
вопрóс 질문, 문제
вот 여기
врач 의사
врéмя 시간
Всегó дóброго! – 헤어질 때 인사말
вчерá 어제
вы́йти 나가다
выходнóй день 휴일

Г

газ 가스
глаз 눈(eye)
год 연, 해(year)
гóрод 도시
говорúть 말하다
господúн – 영어 Mr.와 같은 경칭
гостúница 호텔
грóмко 큰 소리로
грýппа 그룹
губы 입술

Д

дáта 날짜
дать 주다
дáй(-те) 주어라(주세요)
два 2
дверь 문
двóе детéй 아이 두 명
дéвочка 여자아이
дéвушка 아가씨
дéдушка – 할아버지
день 낮, 요일
дéньги 돈
дéсять 10

диктáнт 받아쓰기
домохозя́йка 가정주부
домáшняя (хозя́йка) 집의 (안주인)
Дóброе ýтро! 아침 인사
Дóбрый день! 낮 인사
дом 집
дóма 집에(서)
доскá 칠판, 판자
дóчка 딸
дочь 딸
до свидáния! 작별인사
друг 친구
дрýжба 우정, 우호
друзья́ 친구들
душ 샤워
дя́дя 삼촌, 아저씨

Е

егó 그의
её 그녀의
ещё раз 다시 한 번

Ж

женá 부인
жить 살다

З

завóд 공장
зáвтра 내일
загáдка 수수께끼
задáние 건물
зал 홀, 강당
звонóк (전화 등) 벨소리
звук 소리, 음성
здесь 여기
Здрáвствуй(-те) 안녕(하세요)?
знать 알다
знакóмство 인사, 소개
зонт 우산, 양산
зуб 이 (치아)

И

и 그리고 (연접 접속사)
Ивáн 남자이름
Извини́(те) 미안(합니다)
и́ли 또는
изучáть 연구하다, 공부하다
инженéр 엔지니어
истóрия 역사
истори́ческий 역사의, 역사적인
ию́ль 7월

К

кáжтся (~ мне́ кáжется) (내게는) ~로 보인다
как 어떻게
Как вас зовýт? 당신의 이름은 무엇입니까?
Как по-корéйски...? ...은 한국어로 어떻게 되는가?
какóй 어떤 (남성형)
карандáш 연필
кáрта 지도
кафé (в кафé[э]) 카페 (카페로/에서)
кинó 영화(관)
китáец 중국인(남자)
китая́нка 중국여자
китáйский 중국의
клуб 클럽
ключ 열쇠
кни́га 책
кóмната 방
компью́тер 컴퓨터
конéчно – 물론
конéц – 끝, 마지막
корéец 한국남자
Корéя 한국
корея́нка 한국여자
кто́ 누구
куда́ 어디로
культýра 문화

Л

лес 숲
лéкция 강의
лéто 여름
литератýра 문학
лук 양파 또는 활
лю́ди 사람들

М

магази́н 상점
магнитофо́н 녹음기
ма́льчик 남자아이
мама 엄마
ма́рка 우표
мать 어머니
маши́на 자동차
ме́дленно 천천히
медсестра́ 간호사
мел 분필
мечта́ть 꿈꾸다, 희망을 가지다
метро́ 지하철
мо́жно 가능하다, 해도 좋다
Молоде́ц! 잘했다! 훌륭하다!
Москва́ 모스크바
мост 다리, 교량
муж 남편
мужчи́на 남자
мы 우리
мы́ло 비누
мя́со 고기

Н

наш 우리의
нельзя́ 불가능하다, 하지 말아야 한다
немно́го 약간, 조금
нет 아니오
нёбо 입천장
но́вый 새로운
нога́ 발, 다리,
нож 칼
нос 코
ночь 밤
ну́жно 필요하다, ~할 필요가 있다
нуль 영(zero)

О

о́вощи 채소
обе́д 점심식사
обе́дать 점심식사 하다
общежи́тие 기숙사
обы́чно 보통, 대개
оди́н 1(남성형)
одна́ 1(여성형)
окно́ 창문
он 그 (남자)
она́ 그 (여자)
они́ – 그(것)들
оно́ 그것
отве́т 대답, 해답
отвеча́ть 대답하다
отдыха́ть 쉬다
оте́ц – 아버지
откро́й(-те)! 열어라(여세요)!
отку́да – 어디에서
оши́бка 실수

П

па́па 아빠
па́рк 공원
паро́ль 암호, 패스워드
письмо́ 편지
пиши́(те) (글자 등을) 써라(쓰세요)
плащ 레인코트
повтори́(те)! (반복) 따라 해라(하세요)!
пока́ (헤어질 때) '안녕' 또는 '~할 때'
Покажи́(те)! – 보여주어라(주세요)!
по-коре́йски 한국어로, 한국식으로
пол 바닥 또는 성(性)
поликли́ника 병원
по́лка 선반, 책꽂이
понима́ть 이해하다
поня́тно 이해가 되다
порт 항구
по-ру́сски 러시아어로, 러시아식으로
потому́ что 왜냐하면
посло́вица 속담
по́чта 우체국
пра́вило 규칙
преподава́тель 강사
приве́т! 안녕?
профе́ссор 교수
пря́мо 똑바로
пять 5

Р

рабо́та 일, 직장
ра́ньше 이전에
река́ 강
Респу́блика Коре́я 대한민국

рис 쌀
ро́дина 조국, 고향
роди́тели 부모
Росси́я 러시아
рука́ 손, 팔
ру́сский – 러시아의, 러시아 남자
ру́чка – 펜, 손잡이
ры́ба 물고기
рюкза́к 룩색, 배낭
ря́дом 나란히, 옆에

С

сад 정원
сади́тесь 앉으세요
сего́дня 오늘
сейча́с 지금
семья́ 가족
сестра́ 누이, 자매
Сеу́л 서울
скажи́(те) 말해라(말씀하세요)
ско́лько 얼마나
сле́ва 왼쪽에
слова́рь 사전
слог 음절
слу́шай! 들어라!
слу́шать 듣다
снег 눈(snow)
сок 주스
соль 소금
сосе́д(ка) 이웃남자(여자)
спаси́бо 고맙다
спорт 스포츠
спра́ва 오른쪽에
ста́нция 역
ста́рший 나이가 더 많은
ста́рый 낡은, 늙은
стать ~이 되다
стихи́ 시
стол 책상
столи́ца (국가의) 수도
стоп 스톱
страна́ – 나라, 국가
страни́ца – 페이지
строи́тель 건축가(기사)
студе́нт(-ка) 대학생(여대생)
стул 의자
су́мка 핸드백
суп – 수프
сын – 아들
сыр – 치즈,

Т

там 저기
твёрдый 딱딱한
твой (твоя́, твоё, твои́) 너의
тетра́дь 공책
тётя 숙모, 이모, 아주머니
ти́хо (소리를) 작게, 조용하게
това́рищ 동료
то́же 역시, 또한
то́чка 점, 마침표
тру́дно 힘들게, 어렵게
тут 여기
ты 너

У

у́жин 저녁식사
у́лица 거리
университе́т 대학교
упражне́ние 연습문제
уро́к 과, 수업
утро́ 아침
уче́бник 교재
учи́ть 배우다, 가르치다
учи́ться 배우다, 공부하다
ую́тный 안락한

Ф

фа́брика 공장
факульте́т 학부
фами́лия 성(姓)
февра́ль 2월
фоне́тика [э] 음성학
фо́то 사진
фра́за 구문

Х

хи́мик 화학자, 화학부 학생
химия 화학

хлеб 빵
хорошо́ 좋다, 훌륭하다
хоро́ший 좋은, 훌륭한
хоте́ть 원하다

Ц
цвет 색깔
цирк 써커스

Ч
чай 차
час 시(時)
чей 누구의(남성형)
чёрный 검은
чи́сло 숫자
чита́ть 읽다

Ш
шарф 목도리, 숄
шкаф 장(농)
шко́ла 학교

Э
экза́мен 시험
Э́мма 여자이름
эта́ж 층
э́то 이것

Я
язы́к 언어, 혀
япо́нский 일본의

Зага́дка (수수께끼):

- Что бы́ло вчера́ и бу́дет за́втра? – 어제 있던 것이 내일도 있는 것은?

Посло́вицы (속담과 격언):

- Семь раз отме́рь, оди́н раз отре́жь. – 일곱 번 생각하고 행동하라.
- Хлеб – всему́ голова́. – 목구멍이 포도청.
- Щи и ка́ша – пи́ща на́ша. – 쉬(양배추 수프)와 카샤(죽)은 우리의 양식.
- Уче́нье – свет, а неуче́нье – тьма. – 배움은 광명, 무지는 암흑.
- На вкус и цвет това́рища нет. – 각인각색
- Ко́нчил де́ло – гуля́й сме́ло. – 일할 땐 일하고, 쉴 땐 쉬어라.

ПРИЛОЖЕНИЕ

❶ Напи́шите фонети́ческий дикта́нт. В двусложных словах поставьте ударение.

а) *ми, ня, де, тё, ря, зи, бя, пю, се; три, трю, бре, зря, кри, гре.*

б) *Ю́ра, еду, я́ма, мая́к; ати́ – ать – мать – дать; сет – сеть, бит – бить.*

в) *дя – дя́дя, тё – тётя, де – де́ти; та – тя – тья, статья́; за – зя – зья, друзья́.*

г) *рис – Бори́с, мир – миф, тряс – трюк – треть, кость – гость – весть.*

❷ Напи́шите фонети́ческий дикта́нт.

а) ца – са – са; сы – цы – сыт; ус – оц – ыц; сат – сац – сас; аса́ – аца́ – аца́; сап – цап – зап; сир – сыр – цирк.

б) семь, сеть, густ, гусь, бис, высь, весь; хи – стихи́; ги – но́ги; ки – кино́; Ге́ра, ги́ря, фи́зик, гита́ра, кни́ги, по-коре́йски.

в) са – за – жа; ас – аш – аш; аса́ – ажа́ – аша́; нас – наш – ваш; сок – сох – жох; сыр – жир – шар; сут – шут – шут; зак – шак – Жак; шить – суть – жить.

❸ Напи́шите фонети́ческий дикта́нт.

а) ла – ля, лы – ли, лук – люк, лот – лоп, дал – даль, жал – жаль, был – быль; (поставьте ударение) люди, липа, жили, были, знали, писали, любили.

б) лык – лик, рок – лёк, мил – мир, мор – мол, лёт – рот, пила – пиля, плач – прячь, слок – слёк.

❹ Из пары слов напишите только слова **с начальным звонким** согласным, поставьте в них **ударение**.

сову – зову, губит – купит, дома – тома, душа – туша, точка – дочка, бочка – почка, клуб – глуп.

❺ Напи́шите фонети́ческий дикта́нт.

ча – ща, чу – щу, ищá – ичá, ащ – ящ; плач, плющ, ключ, пи́ща, читáй, щётка, чи́стит, чи́сто, тóчно, тóчка, вещь, хвощ.

❻ Напи́шите фонети́ческий дикта́нт.

а) *ба, су, ва, ты, фы, гу, ша, же, ка, хо, пы, зо, да, вы, но, ро, лу, но.*

б) *ус, сот, лак, нос, дом, кон, душ, хор, бал, вас, вот, роф, мут, зом, гор, лос, шар, жим, суп.*

в) *тя, три, пре, нья, те, ще, тьё, хи, лю, свя, лё, ча, нё, тли, ре, мне, сти, бью, гря, сре.*